TJ Special File 8

トレーニングを学ぶ
体育授業における理論と実践 改訂版

関口 脩 監修　下嶽進一郎 編著

序文

　我が国において、本格的にトレーニングが競技力向上の手段として実施されるようになったのは、1964年の東京オリンピック大会が契機とされ、ローマオリンピック大会以降T・Kキュアトン博士らの「トレーニングとコンディショニングの原則」やスタインハウス博士の「長期にわたる運動効果」やヘティンガーやミューラー博士の「アイソメトリックトレーニング処方」など多くの研究者からの影響を受け猪飼道夫、加藤橘夫両教授らによって、日本での体力づくり指針となるトレーニングの基礎が構築されたものといわれている。しかし、半世紀経った今日でもトレーニングで筋力は増加したが、走、跳、投などのパフォーマンスに活かされていないとか、トレーニング中にケガしたとか、施設や器具の不備から適切なトレーニングができなかったなどの声が聞かれる。これらは、これまでの体育・スポーツ指導者養成校の授業カリキュラムを見てもトレーニングに関する理論系の授業は多く見られるが、実技を伴う実践系の授業は少なく、理論的教育に比して実践的教育の不足傾向が起因しているものと考えられる。我々は、1980年頃からトレーニングの授業の中で理論と実技を組み合わせた授業を展開し、基礎体力のベースとなるレジスタンストレーニングの実技についても師範できる能力の獲得を目標に体育授業の教材として有効か否か検証すべく、いろいろな実験を試み一定の評価を得てきた。

　本書が、トレーニング指導時のマニュアルとして競技力向上のみならず、超高齢化社会を迎える中、国民の生涯を通しての体力づくり、健康づくりの手段となる役割を果たされるものとして期待している。

2014年1月吉日
日本体育大学体育学部体育学科教授
関口　脩

まえがき

　「トレーニング」という言葉は練習自体や目標に向かう過程を表す際に用いられています。
　体育の授業で扱う場合には、幅広い学問領域や様々な情報から構成される理論系と、競技種目や運動種目を扱う実技系に分けることができます。理論系では、スポーツ生理学やスポーツバイオメカニクスなどの学問が挙げられ、トレーニングの原則やトレーニング計画の考え方などの知識や情報を獲得し理解することが必要となります。
　実技系の中のトレーニングでは競技種目以外の運動方法が学習の目標や内容となり、スピードトレーニング、持久力トレーニング、レジスタンストレーニング、パワートレーニングなどが主な内容として挙げられます。
　スポーツパフォーマンス向上のためのトレーニングにおいては競技種目ごとに異なる要素のトレーニング種目を有機的に実践することで成果や効果が現れるといえます。一方で、体育の授業においては学生の実態調査から身近なコトバだけれどあまり深く考えたことがないという結果が大多数でした。そのため、ことばの全体像や関連する学問領域の知識、関節運動と運動動作などのつながりを思考できるための基礎部分を構築することが重要と考えています。
　近年、レジスタンストレーニングはスポーツパフォーマンス向上や健康づくりのための有効な手段として実践されており、様々な場面で有効性が確認されています。しかし、体育授業では指導の対象となることはほとんどありません。その理由には、走るや投げるなどの基礎体力と同様に高等学校以上の機関の多くで技能の指導より記録が注目されることや、指導される機会や環境が限定的で運動種目としての認識が低いこと、技術習得に時間がかかることなどが挙げられます。そこで、著者らのチームではトレーニング時に用いることができるマニュアルとしてクイックリフトを分習的に学習する方法として、段階的指導法や段階的練習法を考案し、トレーニング現場で活用してきました。そして、現在は体育授業での材料としての有効性や成果を検証しながら学習活動を行ってい

ます。本書では、そんなパワークリーン獲得を到達目標とした段階的指導内容を実技編として取り上げるとともに体育授業やトレーニング場面で活用できるトレーニング種目を紹介しています。また、理論編では、トレーニングの原則などの基礎知識からトレーニング現場で活用できそうなトピックを断片的に取り上げ紹介しました。

　「トレーニング」を勉強している学生や大学院生、トレーニングを指導するために勉強している人など「トレーニング」に関わる人に参照してもらえたらと思います。

下嶽　進一郎

協力著者　（順不同）

石井　隆士（日本体育大学）
槇野　陽介（日本体育大学博士課程）
菊池　直樹（日本体育大学スポーツトレーニングセンター）
山内　亮　（日本体育大学女子バレーボール部ストレングスコーチ）
砂川　力也（琉球大学）
上野　敦史（北海道夕張高等学校）
上村　孝司（東京福祉大学）
西村　一帆（東海大学非常勤講師）
植田　央　（日本体育大学助教）
倉持梨恵子（中京大学スポーツ科学部）
村田　祐樹（中京大学スポーツ科学部）
船木　浩斗（中京大学スポーツ科学部）
大家　利之（国立スポーツ科学センター）

トレーニングを学ぶ　体育授業における理論と実践

序文 ……………………………………………………………………………… 3

まえがき ………………………………………………………………………… 4

1　トレーニングを知る　その1 ……………………………………………… 8
　　実技編：関節運動を感じる
　　実技編：フリーウェイトトレーニング時の基本姿勢
　　理論編：トレーニングマシンの特性

2　トレーニングを知る　その2 ……………………………………………… 21
　　実技編：ウォーミングアップ実施に向けての準備
　　理論編：トレーニングの原理原則

3　トレーニングを知る　その3 ……………………………………………… 30
　　実践編：映像を用いた授業の実践事例
　　実技編：トレーニングの授業での映像活用事例
　　座学編：スポーツ場面での映像分析（前編）

4　トレーニングを見る　その1 ……………………………………………… 40
　　座学編：スポーツ場面での映像分析（後編）
　　実技編：トレーニングの授業事例（1）スタート姿勢、デッドリフト

5　トレーニングを見る　その2 ……………………………………………… 49
　　実技編：トレーニングの授業事例（2）フロントスクワット
　　座学編：骨格筋の話

6　トレーニングを見る　その3 ……………………………………………… 58
　　実技編：トレーニングの授業事例（3）ジャンプエクササイズ、ハイプル
　　理論編：骨格筋の生理学

7　トレーニングを見る　その4 ……………………………………………… 69
　　実践事例：大学女子バレーボールチームの体力トレーニング
　　事例報告：トレーニング種目を教材とした授業

目次

8 トレーニングをする その1 ……………………………… 81
　実技編：トレーニングの授業事例（4）パワークリーン
　理論編：トレーニング計画の考え方　ピリオダイゼーション
　実技番外編：ハングパワークリーン

9 トレーニングを評価する その1 ……………………………… 106
　理論編：現状を把握・管理するための体力テスト、フィールドテスト
　実技編：徒手トレーニングの種類と活用

10 トレーニングを評価する その2 ……………………………… 122
　理論編：質的分析の過程と方向転換動作評価のための基礎知識
　実践編：方向転換動作をトレーニングする（授業事例報告）

11 トレーニングをする その2 ……………………………… 133
　理論編：技術・戦術トレーニングをする〜ハンドボール競技を例として〜
　実践事例：ハンドボールにおける防御技術・戦術を高めるためのトレーニング
　実技編：メディスンボールを使ったトレーニング

12 トレーニングをする その3 ……………………………… 149
　理論編：有酸素性トレーニングの基礎知識
　実践編：心拍数を取り上げた学習資料の提案

13 トレーニングをする その4 ……………………………… 157
　理論編：自重負荷法のトレーニングについて
　理論編：FMSの活用
　実技編：ストレッチングの指導案

あとがき ……………………………………………………… 181

資料編 ………………………………………………………… 183

本書は『月刊トレーニング・ジャーナル』2012年8月号〜2013年6月号に「トレーニング演習の理論と実践」として連載されたものを加筆・修正したものである。

ブックデザイン●青野哲之（ハンプティー・ダンプティー）

1

トレーニングを知る　その1

実技編：関節運動を感じる
実技編：フリーウェイトトレーニング時の基本姿勢
理論編：トレーニングマシンの特性

　本書は普段から多くの現場で実践されているスポーツトレーニング方法と、スポーツトレーニングの実践に活用することのできる内容の紹介です。スポーツトレーニングを学ぶ場合、その領域は広域にわたります。そして、実際の場面では基礎的な知識から応用まで多様に発展させていく必要があります。そのため、教育機関での授業においては基礎的な理論と実践の両輪で授業を構成し、スポーツトレーニングが「できる」「わかる」「見れる」人材の育成を目標に展開する必要があるといえます。そこで、トレーニングという言葉を中心に実際の場面で活用できるいろいろな知識と、運動学習としてレジスタンス運動種目を取り上げた授業事例を紹介していきます。

　「トレーニング」と言うと浮かぶ「きつい」「つらい」「筋トレ」というイメージではなく、関節運動という観点から取り組み、どんな姿勢か、筋活動と関節運動、どんな意識でやればよいか、どんな感覚だったかを考えられる活動から、「できる」「わかる」の習得を単元ごとの目標に掲げています。単元での活動内容は、各種ウォーミングアップや筋力トレーニングに関する基本動作など多くの現場で行っていることと変わりませんが、グループ学習を採用しスポーツトレーニングという教材を通じてコミュニケーション能力や判断力を養うことも目的としています。そして、最終的には基本的なトレーニング動作に関連づけながら、フリーウェイト種目である「パワークリーン」を段階的指導により習得していきます。

そこで、実技編では各種トレーニング方法からフリーウェイトトレーニング種目を「やる人」「見る人」という設定で実施したグループ学習での内容を主に取り上げていきたいと考えています。理論編では教科書付録的な情報を、その種の活動や経験、研究に秀でた若手研究者やコーチとともに記述していきます。そして「Coaching」「Teaching」「Training」の教える現場で活躍できる人材育成を目指します。

実技編
関節運動を感じる

下肢の関節を動かそう

簡単すぎる動きですが、関節可動域一杯の動きを意識しながら実施すると結構よいウォーミングアップになります。中殿筋を使って姿勢を保持することも同時に意識して体感します。解剖学を意識しながら骨や筋のイメージと結びつくように促します。

写真1-1

写真1-2

(1) 足関節を動かす

姿勢は真っ直ぐに保持して、手は腰か殿部に当てます。実施するほうの膝関節は伸展、屈曲どちらでもかまいません。足関節の最大背屈位と底屈位で若干静止させてカウントします（写真1-1）。カウントは可動域の限界地点ごとに10～20回行います。

(2) 膝関節を動かす

姿勢は真っ直ぐに保持して、手は腰か殿部に当てます。実施する側の脚は大腿部が地面と平行（または膝蓋骨が臍)の高さで保持するようにします（写真1-2）。踵が坐骨につくように膝関節を屈曲させた地点と最大に伸展させた地点でカウントを10～20回行います。直立姿勢は真っ直ぐに保持することと、大腿部を平行に保つことを意識します。「やる人」はしっかり意識して、「見る人」はチェックするポイントを見ましょう。膝関節を伸展した際に骨盤が後傾して腰が引けて背中が丸まることがあります。原因となる要因は複数ありますが、主に2つのことを確認して修正するようにしています。

写真1-3

①支持脚の中殿筋を使っているか。
②腹筋群を締めているか。

(3) 股関節を動かす

　股関節には屈曲/伸展、外転/内転、外旋/内旋と、それらの組み合わせから多岐にわたる動きがあります。この演習は股関節屈曲位での外転/内転です。実施する脚は大腿部を地面と平行、または膝蓋骨を臍の高さで保持するようにします（写真1-3）。保持姿勢は真っ直ぐで骨盤を前方に向けた状態を保ちます。カウントは膝が臍前の地点と体側の最大の外展位でカウントします。支持脚の膝が屈曲したり、腰が引けたり、上肢でバランスをとるために左右に揺れる場合もありますが、その場合は真っ直ぐの保持姿勢に修正することを意識しましょう。

実技編

フリーウェイトトレーニング時の基本姿勢

立ち姿勢の種類

(1) 標準（スタンダード）

　足幅は左右に肩幅程度広げ、つま先は平行が標準で足裏全体に体重が均等にかかる姿勢（写真1-4）。

(2) ワイド

　足幅は左右に肩幅より広く広げた程度で、つま先はやや外向きで足裏全体が地面についている姿勢（写真1-5）。

(3) スプリット

　足幅は前後に広げ、前足は足裏全体が地面についた安定したポジションで、後ろ足は股関節の伸展の幅で調節することができるため様々です

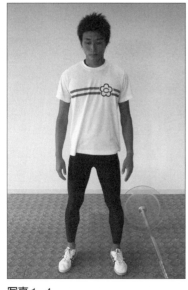

写真1-4

写真1-5

が、上肢のバランスが崩れないポジションで実施することが基本です（写真1-6）。

(4) ナロウ

足幅は左右に腰幅1つ程度でつま先は平行で、足裏全体が地面についている姿勢（写真1-7）。

立位姿勢から各種スクワット動作へのつながり

ここでは下肢関節を曲げる動作をスクワットとして用います。

①標準＋スクワット（写真1-8）
②ワイド＋スクワット（写真1-9）
③スプリット＋スクワット＝ランジ
　股関節伸展角度の違うランジ（写真1-10、写真1-11）

写真1-6

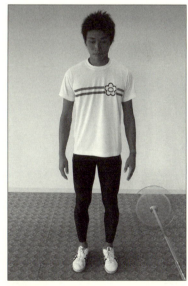

写真1-7

写真1-8　　　　　　　写真1-9

写真1-10

写真1-11

姿勢の確認をするために

　スクワットの姿勢としては同じですが「見る」側と「やる」側に分かれ動作時の姿勢を確認するために実施します。

　立位姿勢は前述（1）〜（4）の4つのどれかを指示します。1セット

目は両手を腰に当てて、2セット目は両手を水平にして、3セット目は両手を上方にして実施します。

　手の位置を変えると、体幹のよじれや左右のバランス、背筋、目線などチェックするポイントに個人差が生じます。「見る人」はチェックと修正、「やる人」は注意点の意識を高め実施します。チェックする場所は正面と真横からです。1人なら両方を、2人の場合は2カ所で「やる人」に1回ごとに「OK」を出して3〜6回実施します。股関節が屈曲した際の殿部の高さは低・中・高の3カ所を指示します。

チェック1（共通）
□つま先の方向と膝の方向が同じで、垂直な位置関係にあるか。

チェック2（共通）
□背筋が真っ直ぐに伸びているか。
□骨盤は過度に前傾していないか。
□目線が下方向にいっていないか。

写真1-12

写真1-13

□猫背になっていないか。
　上記に該当する場合、「見る人」がチェックして修正するように指示します。

チェック3（写真1-12、写真1-13）
□殿部が後方に突き出し股関節が90°程度に屈曲しているか（上半身が地面と垂直だと屈曲が甘くなり殿筋にテンションがかかりづらい）。
□足裏全体でバランスよく保持姿勢がつくれているか（身体重心が前/後方にあるとつま先部分や踵が浮いてしまう。殿部を後方に突き出し足裏全体に体重を感じるようにすることを注意点にしている）。
□膝の位置が極端につま先より前方にあり、踵が浮いていないか（極端に前方にあるとは、膝関節のみの屈曲を意味する。屈曲時の関節角度は様々にあるが、「見る」側のチェックポイントは同じで動作も同じ意識でできるようにするとよい）。

理論・知識編

トレーニングマシンの特性

トレーニング場で目にする機器・器具の特性
　トレーニング場を歩いたときに知っておきたいことを取り上げます。
　レジスタンストレーニングとは様々な抵抗を利用したトレーニングのことで、その抵抗の種類は重量物だけでなく風や水など様々にあります。抵抗の種類により、筋発揮張力や作業の特性は異なりトレーニング効果も変わってきます（図1-1）。利用者は競技の特性やトレーニング目標を設定し、使用する物を理解し自身に合っている種目を選択しなければなりません。そこで、トレーニング器具の特徴を分類し、各自が選択・判断できるように紹介します。

DCR方式とDVR方式
　トレーニング動作中の筋への負荷のかかり方の違いからDCR(Dynamic Constant Resistance) 方式とDVR（Dynamic Variable Resistance)

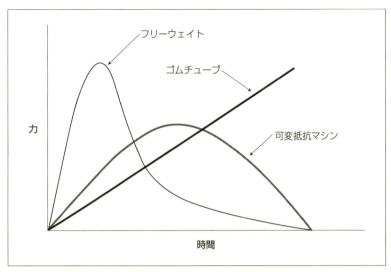

図1-1 抵抗の違いによる筋出力パターン（元図：横野陽介）

方式とに分けられています。動作中の関節角度での抵抗負荷のかかり方に違いがあります。

　DCR方式は設定している負荷よりも大きな力を発揮しなければならないが、動き出してしまえば慣性により、軽くなってしまう特性がある。そのため、筋を発達させるには効率のよい方法とはいえない。また、関節の角度が変化することでテコ比も変わり、動作が進むにつれての筋出力の変化が大きい。多くのスポーツ動作時の筋出力はDCR方式の筋出力に類似しているため、筋の発達という面ではDVR方式に劣るものの、特異的な筋出力という面ではDCR方式のほうが適している。さらに、DCR方式の中でもフリーウェイトに関しては、負荷が一定でないうえに軌道が確保されていないため、重心を安定させながら筋力を出力しなければならない。これにより、フリーウェイトは不安定な状態で体勢を維持したまま筋力およびパワーを発揮する能力を養うことができ、DVR方式のマシンに比べ、より専門的なトレーニングといえる。なお、フリーウェイトでも速度を遅くし、一定の速度で実施すれば一定の負荷をかけることができる。

　DVR方式は可動域全体を通じて一定の負荷がかかるため、1つの動作

を通してその筋に対し効果的に刺激を与えることができる点で優れている。マシンでも、ノーチラスマシン（Nautilus Machine)はオウム貝の形をした偏心カムを使い、どの関節角度でも一定の負荷がかかるようになっている。また、ウェイトスタック部分が移動するタイプや油圧式、空気圧式、電磁式、サイベックスマシンなどが挙げられる。

(1) 空気圧式マシン
①どの関節角度においても一定の負荷をかけることができる。
②パワートレーニングを安全に実施できる構造から、高い筋パワーを養成することに優れている。
③手元のボタンで負荷を調整することができ、セット間の負荷変更を容易にできる。また、セット中でも負荷を簡単に変更できるため限界まで追い込むマルチパウンデージ法の実施に適している。
④パネルにパワー値が表示されるので、トレーニングの量だけでなく、質の管理をすることができる。

(2) 油圧式マシン
①油圧式は負荷に重力を用いていないため、運動中に動作を中止すれば、負荷はその時点でかからなくなる。そのため、筋が引き伸ばされることがなく、筋や腱、靭帯などの負担は他方式に比べ低く、リハビリ時に適している。
②エキセントリックな負荷がかからないため、筋肉痛が残りにくいが、筋への刺激が少なく、筋肥大には適さない。
③通常のフリーウェイトであれば、挙上するときにコンセントリックな負荷がかかり、降下するときにはエキセントリックな負荷がかかる。しかし、油圧式は降下することがなく、例えばチェストプレスであれば押した後は引いてこなくてはならない。つまり、押す動作と引く動作における主働筋を交互に収縮させる往復抵抗となる。
④水中での動作と同じ負荷抵抗がかかるので、水泳選手やボート、カヌー選手のトレーニングに利用することができる。また、抵抗を加えた分だけ負荷がかかるため、マイペースにトレーニングでき、高齢者の筋力トレーニングにも向いている。

(3) ゴムチューブ

①エキセントリックな負荷がかかりにくいため、筋肉痛が残りにくく、関節への負担が低い。また、筋への刺激が少なく、筋肥大および最大筋力の向上には向いていない。

②動作の終盤で負荷が高まるため、粘り強さ、筋持久力を養うことができる。終動的に筋力発揮する競技種目（アーチェリー）などに適している。

③特に立位での動作では、挙上時に体幹を固定することで腹圧を高めるトレーニングとしても応用できる。また、負荷と動作を調節すれば、インナーマッスルトレーニングとしても活用することができる。しかし、トレーニングの目的に応じて負荷の調節に注意する必要がある。

(4) バランスボール

①バランスボールの上で動作を行うため、終始バランスをとるために体幹を固定することを意識し、姿勢を保持する筋発揮を促すことができる。また、腹圧を意識することで四肢からではなく体幹から力を発揮する動作を習得するのに適している。

②普段あまり使われていない筋、特にインナーマッスルトレーニングに効果的である。

③様々な方法があり、難易度が低いものであればリハビリに、難易度の高いものはバランス系のトレーニングとして取り組むことができる。

(5) フリーウェイト

①エキセントリックな負荷がかかりやすく、マシンと比較すると関節や靭帯への負担が大きいが、筋に刺激を与えるという点ではマシンより効果は高い。

②軌道が確保されていないため、重心の移動が大きく、姿勢を保持したうえで筋力を発揮する動作を習得するのに適している。

③動作を遅くすることで可動域全体に一定の負荷をかけることや、動作を速くすることでパワーを向上させることができる。また、重心が移動する中で多関節を伸展させて（足関節、膝関節、股関節を伸展させるトリプルエクステンション）最大のパワーを発揮するクイックリフ

トは、より専門的なトレーニングとして考えられる。

まとめ

　関節運動は筋が収縮することで発生します。普段の生活でなんとなくやっている動きでもしっかり考えて筋活動することで、スポーツパフォーマンスに対して多様な効果をもたらすことも大いに期待されます。
　スポーツパフォーマンスでの巧みで、感動を与える動きは時に反射的な領域で遂行されますが、これは日々の動作学習や運動学習というスポーツトレーニングの賜物（たまもの）といえます。

[参考文献]
1) Mark Verstegen：咲花正弥訳「コアパフォーマンス・トレーニング－身体を中心から変える」大修館書店, 2008.
2) 村上貴弘ほか：「強いカラダをつくるコアトレーニング－3つの機能を獲得してスピードとパワーをアップ！」池田書店, 2007.

2

トレーニングを知る　その2

実技編：ウォーミングアップ実施に向けての準備
理論編：トレーニングの原理原則

　同僚の先生の「高いところから飛び降りるのが好きでさ」という息子の話から、危険だと思う親心に対し、遊びの中で大きな負荷となる刺激を身体へ与えることで体力が育まれることの必要性について話を交わしました。一昔前は今に比べ「高いところから飛び降りる」遊びの場が多く存在していて、外で遊ぶ時間と身体活動量は強い関係にあり、体力を育んでいたことはいうまでもありません。体育の授業数の減少も子どもの疾走能力に影響を及ぼしているということを伊藤（2011年）らは、学習指導要領における体育の総時間では昭和55年（1980年）時の小・中・高校生より平成21年（2009年）現在のほうが少なく、100mの疾走速度の比較では昭和55年時の平均速度のほうが速かったとし、授業時間数の減少を原因の1つとして着目しています。我が国の子どもの体力はピーク時に比べ依然として低いのですが、教育機関や地方自治体、民間団体などの健康・体力向上の取り組みからいくつかの項目では成果が出てきています。しかし、身体活動ができる環境が減少した現在、運動技能の向上と同時に、基礎体力の向上という二重構造をしっかりと踏まえて実践することが大切なのではないでしょうか。

　単元2では、体育授業での身体活動量を上げる手段として有効で、ウォーミングアップの効果も期待できるサーキットトレーニングを改良したサーキットウォーミングアップの取り組みと、トレーニングの基礎知識を紹介します。

実技編
ウォーミングアップ実施に向けての準備

ウォーミングアップ
(1) 目的
①身体各部位を動ける状態に準備。
②ケガ、障害の予防。
③心理的準備。
④パフォーマンス向上。

(2) 狙い
①呼吸循環、心拍、関節液、代謝（血流、筋温、発汗）を促す。
②柔軟性、筋出力発揮、反応時間を高める。
　（①②は体力的側面の準備）
③競技特性に応じた動きの準備。
　（技術的・戦術的な準備）

(3) 種類と方法
　環境的要因（気候、気温、施設）を考慮して取り組む種類、方法を選び、組み合わせます。

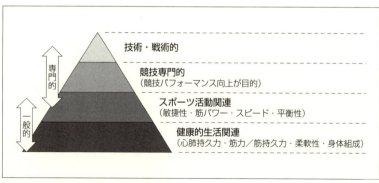

図2-1　体力的要素の構成図

①一般的ウォーミングアップ
　ジョギング、体操、ストレッチング、スタビライゼーション、ブラジル体操、アップドリルなど内容は多種多様。
②専門的ウォーミングアップ
　競技関連動作での準備、競技の道具や環境を使う。
③各自アップ

　①②の前後に、ストレッチやマッサージ、ホットパックなどを疲労度、疲労箇所、傷害歴などに考慮して個別的に行う。

サーキットウォーミングアップ
　サーキットトレーニングは1957年にイギリスのモーガンとアダムソンによって、正課体育の授業で総合的に体力を高めるトレーニングとして実施されたのが始まりです。内容を工夫することでウォーミングアップとしての役割を果たし、強度や種目を変えることで小学校から高校、大学、社会人に至る各段階に応じて実施することができます。
　サーキットだからといって円形で行う必要はなく、限られた広さの中で工夫して実施します。開始するにあたって準備することはまず運動の種類を選ぶこと。学習指導要領の4つに分類した運動の中から当てはまるものを選びます（図2-2）。そして、図2-3の実施する運動内容の設定などを参考に、運動の実施時間が全体で5〜10分程度に収まるように配列します（図2-4）。配列の順番は、徐々に強度の高い運動へ展開

身体の柔らかさを高める運動	巧みな動きを高める運動	力強い動きを高める運動	動きを持続する運動
・ストレッチ運動（静的・動的・ペア） ・可動域が広がる運動 ・関節の動きがスムーズになる運動 ・緊張と脱力をする運動	・コーディネーション運動 ・身体と用具を用いてタイミングやリズムをとる運動 ・バランスをとる運動 ・徐々に難しい運動へ展開していく	・自重負荷での運動 ・人や物を負荷抵抗にした運動 ・様々な部位の筋をそれぞれ使う運動（単関節） ・大きな力を発揮する運動（多関節）	・エアロビック運動 ・一定の時間や回数を行う運動 ・全身運動か部分運動 ・サーキットトレーニング

図2-2　運動の種類を4つに分類

部位設定	方法設定		条件設定
	レジスタンス運動	走運動	
□上半身 □腕・肩 □胸 □体幹（腹筋・背筋） □股関節 □下半身 □全身	□自重（縦列・横隊で） □マシン □シャフト □メディスンボール □ゴムチューブ □ペア（二人組） □鉄棒・ロープ など	□全力 □加速的走 □持久的走 □変速的走 □障害物あり □ウェーブ走 □リレー形式 □ドリブル走 □スキップ走 □その他	□運動時間・距離（秒・m） □回数、セット数 □運動と休息の比率 □場所 □体位（直立、仰向け、うつ伏せ、横向き、複合） □静的、動的 □競技特異的 など

図2-3　運動内容の設定

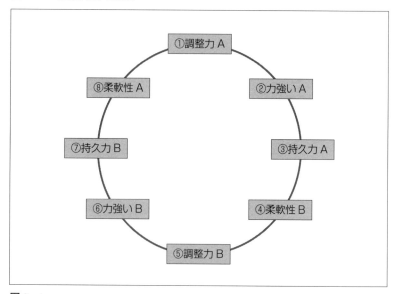

図2-4

し、負荷強度の強弱は休息の時間や回数など運動条件で調節します。配列は動的ストレッチなどのゆっくり動かす種目を初めに置き、スピードやリズムを上げるなどの種目を配列していくとよいでしょう。さらには、主運動につながる内容であれば授業全体のバランスもよくなります。

①ウォーミングアップとして。
②身体活動量を上げる。

この２つの目的を念頭に工夫してください。

理論編
トレーニングの原理原則

トレーニングを効果的に進めるための原則と知識
①意識性（Activeness Principle）
　実施するトレーニングや運動の内容だけでなく、意図、目的、効果を理解すること。選手は短期や長期でトレーニングに取り組む場合、監督やコーチの指導を十分に理解し相互が確認し合い、積極的にコミュニケーションを取る必要があります。また、コーチが適切な目標を設定し、選手の意欲を効果的に刺激して、向上心をもって取り組ませることができます。科学的な証明は非常に難しいですが、現場の指導者たちは十分に理解し認識しています。

②全面性（Multilateral Development）
　トレーニングおよび各パフォーマンスに対する身体（体力）的な土台部分を全面的に築き広げることが、専門的・技術的トレーニングを引き上げる際の必須条件であるということ。また、身体の機能、組織、器官、運動能力や心理的な要素のバランスを配慮する必要があるということ。特にジュニア期のトレーニングでは運動様式の多様性も含め全面的なトレーニングの実施が望ましいといえます。

　様々なトレーニング要素を融合させる必要があることは理解できますが、パフォーマンスが向上した際の因果関係として明確に実証することは難しいため、アスリート自身や監督、コーチの経験則により捉え方や考え方が異なる場合があります。

③個別性（Individualization）

　選手の能力や習熟度、競技特性を考慮しながら個々に対応しなければならないということ。技術的な習熟程度のみならず、生理的および生物学的な発育・発達の程度や心理的特性、性格なども重要な評価基準として、トレーニングの計画、実践、管理を行う必要があります。容易に実証することが難しいという面があります。

④漸増負荷性（Progressive-Overload）

　個人の生理的、心理的、技術習熟度などの能力に応じて段階的にトレーニング刺激（強度、量、仕事量）を増加して適応させるということ。トレーニング刺激の増加は、生理的、心理的反応だけではなく形態にも変化が起こり、神経−筋の協調性や神経的な反応も改善されます。生理学的、心理学的、バイオメカニクス的、トレーニング学的な側面から評価することが可能です。

⑤継続性＝反復性（Repetitive）

　筋や筋力の能力を高めるには、トレーニング計画を立て一定期間以上実施する必要があるということ。運動技能は学習時間の長さと強い相関関係にあることは実践的研究においてはよく知られていますが、サッカーのリフティングを週3回、15分間、4週間行い脳の構造変化を見た大家利之（2013）らの研究では、運動制御学習に重要な小脳に変化があったという報告など、脳神経科学との関連性も報告されています。

⑥特異性（Training-Specificity）

　SAID（specific adaptation to imposed demand）ともいわれ、身体に与えられた刺激の種類（動きの速度、関節角度、筋収縮様式）に応じてトレーニング効果が出現するということ。レジスタンストレーニングにおいては、スポーツ競技に応じた動きに類似した運動様式でエクササイズを行うことは、必要な筋を活性、発達させるために重要です。また、強度や反復の程度が異なればトレーニング効果も異なります。

　様々な競技者間での筋発揮特性を比較したものや、筋の発揮トルクは筋活動様式と角速度によって変化するということを明らかにした実験な

どの報告があります。A.V.Hill（1938）はカエルを用いた実験から「力－速度関係」「力－パワー関係」を示しました。

⑦過負荷＝オーバーロード（Overload）

身体の機能は、トレーニング刺激の強さに応じて適応しようとするため筋の活動能力を向上させるには、筋力レベルの増加に合わせた強めの刺激を与える必要があるということ。筋力トレーニングの目標によっても異なりますが、重さ（kg）、反復回数（RM）、休息時間、セット数、トレーニング頻度などを指標に効果的な刺激を与える必要があります。

トレーニング刺激による筋の適応具合を見るためにMRI（磁気共鳴画像装置）を用いたトレーニング研究や、トレーニング実態から筋量増加との関係を見たものなど様々な方法を用いての報告があります。

可逆性

トレーニング効果は、トレーニングを中断すると実施期間に応じて徐々に失われてしまうが、再開すれば元の状態まで回復しようとすること。

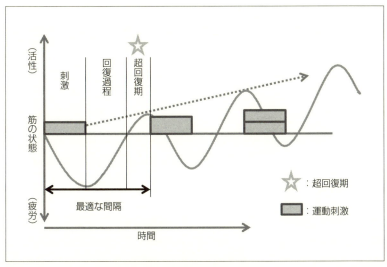

図2-5　トレーニング間隔が最適な場合のモデル

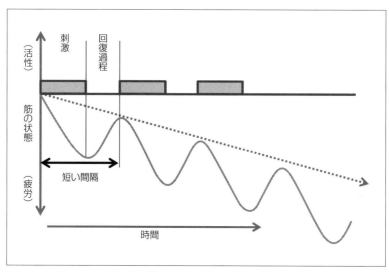

図2-6　トレーニング間隔が短すぎる場合のモデル

超回復

　疲労には大きく①神経系の疲労、②エネルギー供給系の疲労があります。

　運動刺激が筋へ継続的に加わると筋収縮が低下し疲労状態に陥り、一時的にパフォーマンスや筋活動水準が低下します。最適な期間で休息（クーリングダウン、ストレッチ、マッサージ、睡眠、食事など）を組み込むことでエネルギー供給系の疲労が回復（適応）し、正常な機能を取り戻し、神経的な回復（適応）も生じることで、筋の状態がトレーニング開始時点よりも向上（活性）すると考えられます（図2-5）。適応すると1回目のトレーニング刺激を2回目では低い努力度で実施できることになるため（同じ種目の場合）、さらに強い刺激が必要となります（過負荷）。そして、トレーニング強度や量を高めることができるようになります（漸増性）。

　運動刺激を与える頻度や期間によって回復の期間は異なりますが、刺激と回復（適応）のバランスが悪く、偏った状態（回復期間が短い）が続くと適応能力は消失してしまいオーバートレーニングとなる危険性が高まります（図2-6）。パフォーマンスとの関連性や、疲労の程度を示

す基準は、情緒的な影響や複数の要素との直接的、間接的な関係性など多岐にわたるため、実証は難しく詳細に報告された文献はほとんど存在しません。

まとめ

　実技編として体育の授業で体力を高める方法の1つとしてサーキットトレーニングを取り入れたウォーミングアップ法を紹介しました。活力の源である体力を向上させ、健康な生活を送るという目標は、大人だけの問題ではなくなっています。それは将来の社会を形成する現在の子どもたちにもいえることです。そして、体育やスポーツを通じて子どもたちの活力を養うことができれば、将来的には体育の存在価値を高めることにつながるのではないでしょうか。

　理論編ではパフォーマンスの向上や目標を達成するために留意すべきトレーニング原則を紹介しました。

[参考・引用文献]
1) 安倍　孝編：トレーニング科学最新エビデンス，講談社，2010.
2) ボンパ：尾縣　貢・青山清英監訳，競技力向上のトレーニング戦略，大修館書店，2006.
3) 伊藤博子ほか：高校1年生女子『100mスピード曲線』世代間の比較に関する研究－なぜ母親世代は娘世代より速かったのか－，第62回日本体育学会，p.260，2011，9.
4) 下嶽進一郎・槙野陽介：スポーツトレーニング学－トレーニングに関わる基本原則と知識－，NITTAI Sports Training Journal，2010.
5) 大家利之ほか：サッカーのリフティング訓練による脳灰白質の局所的変化，日本体育学会第64回大会，2013.

トレーニングを知る　その3

実践編：**映像を用いた授業の実践事例**
実技編：**トレーニングの授業での映像活用事例**
座学編：**スポーツ場面での映像分析（前編）**

　国語や数学などの教科では教科書を教材にして行われますが、実技種目の授業では種目自体を教材として取り上げることがほとんどです。その指導方法は教員が技術を直接指導する直接指導法と、ワークシートや小黒板などの学習資料、パソコンやカメラなどの機器、話し合いによる学習で授業を進める間接指導法があります。
　直接指導法は主観的な動作習得感覚や空間認知能力、動作学習に対するフィードバックおよびフィードフォワード制御の思考が高い集団においては非常に有効であり、スムーズに講義が行える方法です。一方で、間接指導法は学習者が考えることで判断する力が養え、学習者間では教え合いによるコミュニケーションの発生、そして、自身の動作に対するポイントの提示による矯正フィードバックが働くことで、自身の現状を客観的にだけでなく主観的にも把握できることで学習に対する関心や態度の改善も期待できる方法です。しかし、実技種目の授業において映像を用いるには準備や評価など克服すべき課題があり、難しいのが現状です。そこで、映像を用いた授業事例を複数回紹介し、座学編ではトレーニングに活かす映像分析（前編）を紹介します。

実践編

映像を用いた授業の実践事例
~映像で自分の動きを見る~

ソフトボールのバッティングを教材とした場合

　バッティング技術の向上を目的に、ビデオカメラを用いた自己分析を実施しました。まずソフトボール未経験者に基本技術（注1）、つまり、バットの持ち方や振り方などを何も指導せず、本人のもともと持ち合わせているイメージのみでバッティングを実施し、次に野球やソフトボールの経験者に実施しました。

注1：スポーツの基本技術の定義
①そのスポーツの本質を形成している最小単位の技術であること。
②技術の習得において最初から取り組み、最後まで質的に発展していく技術であること。
③誰もがそのスポーツを行ううえで習得しなければならない技術であること。
④比較的容易に習得できる技術であること。

以上4点が満たされる必要があります。

(1) 方法
①三脚を使用し定位置（同じ角度から他者との比較もできるようにする）での身体正面からのビデオ撮影。定位置を設定しておくと、追撮影をする場合、同じ条件をつくりやすい。
②運動者は一定時間（一定打数でもよい）バッティングを続ける。
③自己の動作をビデオ画面で確認する（映像加工もできるように分析ソフトSports Codeを使用）。
④映像から改善点を打撃動作の評価基準（注2）を参考に具体的に確認する。また野球やソフトボールの経験者の実技もそれぞれの任意の角度から観察する。

注２：打撃動作の評価基準
①バットをどのように構えているか（角度や位置）。
②両足の幅は適切か。
③グリップはどの高さか。
④左足はどのようにステップしているか。
⑤ボールを打つ位置はどこか。
⑥フォロースルーはどうなっているか。

(2) 対象者
A：ソフトボール未経験者（初級者）
B：月１回程度のソフトボール経験者（中級者）
C：野球経験者（上級者）

(3) 動作局面の切り抜き場面
①構え
②テイクバック
③ヒットの瞬間
④ヒット直後
⑤フォロースルー

(4) 映像から見た改善点
　Aはグリップ位置が低く、ほとんど足の上下動がないまま上半身が前のめりになり、ボールを自分の前で当てにいっている。体重移動がうまく行われておらず、腕の力だけでヒットしている。改善点としてテイクバックの際に左足を上げ、体重を右足から左足に移動しながら上半身の動作を開始してみると上達する可能性がある（写真3-1）。

運動者の内省報告
A：「自分のイメージではボールがくるのに対して打つ準備をしているつもりだったが、映像では打つ直前まで身体が動いていなかった」

　Bはテイクバックの際に左足は上がってはいるものの、股関節が開い

写真3-1　A（初級者）の打撃フォーム

写真3-2　B（中級者）の打撃フォーム

写真3-3　C（上級者）の打撃フォーム

て、膝が曲がっているだけで右足に体重がうまく移動していない。そのため左足に体重がスムーズに移動せず、ヒットの直後は上半身が後ろに残っている。改善点としてテイクバックの際に左足を膝だけ曲げるのではなく、左足を右足方向に上げるようにすると上達する可能性がある（写真3-2）。

運動者の内省報告
B：「自分のイメージとかなりかけ離れていた。テイクバック時の足がこのような格好悪いものだとは思わなかった。力まかせに打っているようにみえる」

　CはA、Bと比較するとグリップ位置が高く、テイクバックの際にはバットの先があまり動かずグリップ部分だけで移動している。左足を上げる際には、足と同時に身体をグリップ方向に向けており、体重がスムーズに右足に移動していることが窺える。ボールのヒットは身体に近いところで行われている。動作が下半身から上半身にスムーズに行われており動作そのものが美しい（写真3-3）。

運動者の内省報告
C：「いつも通りに自分の経験のままにボールを打つことができた」

（5）質的分析の課程について
①分析の準備（運動者や技術などに関する情報の収集）。
②観察（運動観察）。
③動作の評価や診断。
④問題点を解決するための改善や指導。

　現状の把握、動作への理解を深める、すなわち自分の運動に意識を向けて吟味し修正するには、運動の観察能力が不可欠です。

（6）改善ループの過程について
①運動の観察（運動者の感覚や客観的手段による動きの観察とその実態

の把握)。
② 動作の評価(運動観察から得られた情報をもとに、動作の善し悪しを評価)。
③ 動作の診断(パフォーマンスの制限要因の究明、制限要因間の関係の究明)。
④ 効果的な練習法やトレーニング法の選択決定。
⑤ 練習やトレーニングによる動作の変更や改善。

　動作やスポーツ技術の改善を狙いとする場合、上記のような5つの改善ループ過程を繰り返すことになります。

　映像を用いて動作を観察すると、内省報告からもわかるように自分では思いがけない改善点が見えてきます。同時に他者との比較を行うと、具体的にどのように改善すればよいかがわかりやすくなります。
　また、他者の動作を見ることは他者の動きの経過の中に自己を没入させる運動共感が行われています(質的分析④)。これは、自己観察を通して運動感覚を自分のものとして感じ取る共感的観察とも呼ばれます。また、運動の他者観察における共感的観察には、観察者自身の自己観察の経験が不可欠の構成要素でもあります。

実技編

トレーニングの授業での映像活用事例
~フリーウェイトを教材として~

学習カードと映像を用いたグループ学習
　フリーウェイトは筋力トレーニングの中でも技術の難易度が高い種目であるといえます。スポーツ動作に類似した多関節運動であり、下肢筋群を原動力とする全身運動でもあることから、パフォーマンス向上を促すトレーニング種目として多くの競技のトレーニングとして実施されています。一方で、体育の授業においては、シャフトに触れるトレーニングを実施したことのない学生もいることから、下肢3関節を協調する運

動として、下肢関節の屈曲/伸展の動作を覚えながらエネルギーが発生するという考え方を促すことも運動を理解していくには大切です。最終的にはパワークリーン動作の習得が目標ですが、段階的に動作を習得しながら基本動作を学習することは学習効率がよいという点だけではなく、安全面、ケガの予防においても重要です。そこで、基本となるスクワット基本姿勢の習得に用いた学習カードと、映像を用いた事例を紹介します。

写真3-4 グループ学習の様子

表3-1 スクワット基本姿勢学習カード（著者改訂）

見る位置		部位	チェック	自己	他者
横方向	1	手	大腿部に荷重できている。順手		
	2	肘	真っ直ぐに伸ばし、突っ張る		
	3	目線	2～3m前方		
	4	背	真っ直ぐに伸びている		
	5	肩	膝よりも前方にある		
	6	殿	後方に突き出ている		
	7	膝関節	45°程度の屈曲		
	8	足	腰幅程度で、足裏全体に荷重		
前方向	9	手	大腿部に荷重できている		
	10	肘	真っ直ぐに伸びている。順手		
	11	膝（膝蓋骨）	つま先の直上にある		
	12	足	腰幅程度		

写真3-5　前方向　　　横方向　　　ニーイン
(ニーイン：両膝の位置が両つま先の位置より内側に入り込んでいる状態)

(1) 授業の流れ
① 3〜5人程度のグループをつくる。
② グループごとに体操、スタビラーゼーションのウォーミングアップを実施。
③ 教員による模範のあと、実施者の動作を横方向と前方向から撮影（iPadを用いた）。
④ 撮影終了後に学習カードでの確認をグループごとに行う（表3-1）。

(2) 対象者
　体育・スポーツ専攻学生約60人のクラス（男女共習、フリーウェイト未経験者から鍛錬者まで）。

(3) スクワット基本姿勢の学習カードと観察
　これは自分自身や他者を見る作業と撮影の導入の意味合いもあります。学習カードは主に身体部位ごとにチェックする項目が記載されており、それぞれの部位がどうだったかを映像と学習カードを手がかりに観察します（表3-1）。評価するときはグループ全員で見合うようにし、よいところやできていないところを探し、指摘し合う作業を行うように指示しました。

アンケートでは「自分自身の改善点を発見できた」「意識した動作と映像でズレがあった」「イメージづくりに役立った」「指摘し合うことができた」「褒められて嬉しかった」「アドバイスすることができた」など、映像を使ってグループ学習した感想としては積極的な回答が多かったようです。

座学編
スポーツ場面での映像分析（前編）

　分析（analysis）とは「ある事柄の内容・性質などを明らかにするため、細かな要素に分けていくこと」「所与の対象・表象・概念などを構成する部分・要素・条件などに分け入って解明すること」「物質に含まれている成分の種類や量を化学的・物理的に求めること」（大辞林）と定義されています。

　その目的は己を知ること、敵を知ること、そしてそれらをスキルアップや戦術に活かすことであり、近年は様々な分析専用ソフトウェアや周辺機器の充実、精度の向上からバイオメカニクス的手法で走・跳・投・打・泳・歩などの様々な動きを対象に三次元動作解析、動作シミュレーションなどの研究成果が、多くのスポーツ現場で活用されています。

写真3-6　映像を活用

また、様々な種目において「アナリスト」もしくは「テクニカル」などという肩書のスタッフが存在し、ハンドボールやバレーボール、ラグビー、アメカンフットボール、サッカーなどでは、試合中の分析を迅速に行いゲームに反映させるため重要な役割を担っています。つまり、映像分析の目的には大きく2つあります。1つは、自身（自チーム）のパフォーマンスや動作、戦術などを振り返る自己分析、2つ目は、対戦相手の戦術や特徴を抽出する他者分析です。今回は自己分析について取り上げます。

自己分析について

　自己分析の目的は、パフォーマンスや動作を観察し、その動作を分析して長所、問題点、改善点などを明らかにすることで、大きく2つに分けることができます。

①バイオメカニクス的手法で量的尺度を当てはめる量的分析。
②自己や他者の観察や内観的判断、評価を手がかりに改善するための適切な方法を見出す質的分析。

まとめ

　映像を様々に用いてトレーニング場面で活用することの有効性はいうまでもありません。しかし、授業アンケートの結果では自分自身の運動の映像を見たことがないという学生が大多数であり、体育、スポーツの場面では身近でないのが現実であると感じましたが、近い将来にはもっと普及するだろうと思いながら授業を行いました。実技編では映像を用いた自分自身の動作を振り返る自己分析についてと、大学体育の授業紹介として映像と学習カードを用いたトレーニング演習の事例を紹介しました。

トレーニングを見る その1

座学編：スポーツ場面での映像分析（後編）
実技編：トレーニングの授業事例（1）
スタート姿勢、デッドリフト

　スポーツ場面で映像を見る際に大切なことの1つに「何を（どこを）見るか」ということが挙げられます。目の前で流れる映像を情報として有効なものとするには、経験から養われた視点も大切ですが、歳月を必要とするため授業やクラブでの場合は、共通した認識が図れるような具体的な項目となる言語が必要といえます。ゲーム分析においても、活用する側と分析する側に共通した認識が存在することで、有効な情報として還元でき、トレーニングの方法や内容を創造する手段となります。スロー再生やコマ送りで見る場合には、その客観的情報と感覚のすり合わせ作業を行い、その間隔を近づけることでパフォーマンス向上を促すことになります。

　しかし、これは競技スポーツ場面では当たり前の光景ですが、著者が実施したアンケートではiPadでの映像学習に対して「自分の動きを見ることが新鮮だった」「観察する作業で発見することができた」「主観的感覚とズレがあることがわかった」などの回答が多く、情報機器は身近になっていますが、体育の実践現場ではまだまだ普及していないことを実感しました。

　平成21年（2009年）に文部科学省は学習活動にICT（Information Communication Technology）を活用した学校教育のあり方を提言しています。体育の授業においても様々な効果が期待されるため、義務教育から高等教育レベルまで広く普及することが予想されます。そこで、座学編は、映像機器の活用という側面からトレーニング現場に活かす映像

分析(後編)における他者分析についてと、実技編ではフリーウェイトを教材とした授業事例を紹介します。

座学編
スポーツ場面での映像分析(後編)

他者分析について

自己分析は、プレーヤー自身もしくは自チームの改善点の掌握や反省に用いられるのに対し、他者分析は、主に対戦相手の戦術の解明やそれに伴う対策案を練るために行われます。

(1) データの抽出

分析が行われると様々なプレーのデータが数値として抽出されます。この数値情報のことをスタッツといいます(ここでは対人、対戦型種目に限定して考えることとする)。

競技スポーツ場面でのスタッツとは、個人やチームのプレーについての細かい成績のことで、試合内容や成績状況を数値的に分析する場合に重宝するデータのことです。スタッツは、英語で統計値を意味するStatisticsを短縮し、Statsと表記します。つまり、様々な個人選手やチーム

写真4-1　スポーツ現場での映像分析

のプレー成績をひとまとめにしたものをスタッツと呼び、一選手の能力の指標として注目することができます。

(2) データの活用例

野球であれば、打数や安打数、二塁打、三塁打、本塁打、四死球や三振の数など、プレー結果の要素となる数字をひとまとめにしています。サッカーなどでは、チームの成績であるチームスタッツが注目されることが多く、ボールポゼッションやシュート数、ファール数やフリーキック数などの様々な要素からチームを比較することができます（Jリーグ各チームのデータは、公益財団法人日本サッカー協会のホームページで公表されている）。

したがって、数値的分析のスタッツは、自チームの情報はもちろん、対戦相手の情報をもとに、対戦別の戦術設計や選手の起用など「次の手を打つ基礎分析データ」として活用することができます。種目によっては、対戦相手の分析は本番（対戦日）までにほとんど終わっています。一方、バレーボールやハンドボールでは、試合中に相手のプレースタッツ（スパイク場所やシュート位置など）と、その確率から抽出したプレー傾向は、リアルタイムでベンチ（監督など）に報告されます。

(3) 実践面での活用に際して

競技スポーツ場面での分析では、試合前（本番）に勝負が決しているといっても過言ではありません。なぜなら、その分析結果を参考に監督・コーチは試合に向けて対策を練り、トレーニングを組み立てるからです。ここでの作業の流れは、観察→評価→診断→対策の具体案立案→トレーニングのようになり、改善ループ（P.34）にも似た作業が行われることになります。観察・評価の行程では現象としてのプレー回数などの抽出はもちろんのこと、どんな場面（時間帯・点差・エリアなど）で、どのようなプレーが行われているかを抽出することが必要です。

注意しなければならないことは、自分たちにはどんな情報が必要で、どのように活用したいのかを明確にしておかなければ、スタッツの抽出は限りなく可能なので、途方もない作業になってしまう恐れがあります。すなわち分析者は、どのようなスタッツをどのように選択し、その

バレーボール

	スパイク	スパイク効果率	バックアタック	サーブ	クイック	得点	サーブレシーブ	ブロック数
プレーヤー名								

ハンドボール

	パス	得点	7mスロー	フィールド	速攻	シュート数	得点率	7m阻止数	7m阻止率
プレーヤー名									

ラグビー

	パス	コンタクト	キック	ミス	ランプレー	タックル	アシストタックル	ターンオーバー
プレーヤー名								

サッカー

	出場時間	ゴール	シュート	パス	ラストパス	クロス	スルーパス	ドリブル	タックル	インターセプト
プレーヤー名										

バスケットボール

	得点	リバウンド	アシスト	フィールドゴール	フリースロー成功率	3ポイント成功率	パス	ドリブル	ブロック	スティール	ターンオーバー
プレーヤー名											

図 4-1 代表的なスタッツ表

データをどのように活用するかが重要であり、数字だけを羅列して満足しないように心がけておく必要があります。

（4）分析は１つの手段

あるプロ野球監督は「『100球中ストレートが何パーセント、カーブが何パーセント……』というようなテレビアナウンサーでも持っているような大雑把な情報よりも『この投手はストレートを何球続けて投げてくる』『牽制は何球まで続けてくる』『どんなボールカウント・アウトカウント・ランナーの状況ではどんな球種を投げてくる』『どんな状況でキャッチャーのサインに首を振ったか』など心理面に関する情報が必要だ」といっています。

つまり、心理面に関するデータや細かい情報ほど戦力になるということです。すなわち、映像の中に相手チームが発しているサイン名や動作シグナルがあるとより詳しく分析することが可能になります。

したがって、自己（自チーム）分析や他者（他チーム）分析を行う際には、そのスポーツ種目のルールはもちろんのこと、種目の特異性やチームの内情なども熟知していることが求められます。もちろん、試合で対戦相手が分析結果通りのプレーばかりを試合中にしてくるはずもないことは承知しておく必要があります。分析はあくまでも過去の数値や現象であり、トレーニングでは予測外プレーへの「対応力」を養っていくことも必要であるといえます。

代表的なスタッツ表を紹介します（図4-1）。

実技編

トレーニングの授業事例（1）
スタート姿勢、デッドリフト

学習カードと映像を用いたグループ学習

バーベルを扱う際に大切なことは、バーを握っているときの姿勢をしっかりと保つことです。体幹部の筋群をしっかり機能させ姿勢をつくることは重量物を挙上するためにだけでなく、トレーニング効果を促しケ

ガの予防、安全面の配慮という観点においても重要です。前回はスクワット基本姿勢を紹介しましたが、今回はその姿勢に下肢3関節の屈曲/伸展の運動が加わったデッドリフトを取り上げて紹介します。

(1) 授業の流れ
①3〜5人程度のグループ。
②教員による模範と学習カードの説明のあと、3回の繰り返しを2セット実施。
③実施者の動作を動画撮影（写真4-2）。
④セット終了ごとに動画を見ながら学習カードで評価を行う（写真4-3）。

写真4-2

表4-1 採点基準表

◎	よくできた
○	できた
△	もう少し
×	全くできない

写真4-3

⑤学習カードをグループ内で交換し他者が映像を見て評価を行う。
⑥1セット終了時に課題点の項目に各自がチェックし、2セット目に意識する項目を明確にする。

(2) 対象者

体育・スポーツ専攻学生60人のクラス（男女共習）。

(3) 採点基準

3/3回できていたら「よくできた」、2/3回できたら「できた」、1/3回だったら「もう少し」、3回ともできていなければ「全くできていない」となります。難解度は意識と映像の確認においてのズレがあるかを5段階評価する尺度で、1が「全くない」から5が「全くある」で記入します（表4-1）。

表4-2はフリーウェイトの多くの場面で重要といえるスタート時の姿勢なので、別紙で学習カードを作成しました。ここで、しっかりとバーと地面の接点である足裏とグリップを確かめ姿勢を正すことが重要になります（写真4-4、写真4-5）。

写真4-6はスタート姿勢から挙上初期段階の写真です。背中や腕で挙上動作を開始しないように注意します。足裏で地面を鉛直方向に押したまま背筋を伸ばし、2つの矢印を同時に上方向に運ぶことでシャフトが上方向に真っ直ぐ挙がり始めます。シャフトが膝を通過するまでは肩の位置をシャフトより後ろ側にならないように維持します。シャフトが

表4-2　スタート姿勢の学習カード（著者改訂）

動作局面	No	部位	チェック	自己	自己	他者
スタート構え	1	手	手幅は肩より少し広く、グリップは順手	1		
	2	肘	真っ直ぐ伸びている	2		
	3	胸	少し張る	3		
	4	肩	バーより前方にある	4		
	5	目線	2～3m前方に向いているか	5		
	6	背	真っ直ぐ伸びている	6		
	7	腰	膝より高い位置にある	7		
	8	膝(膝蓋骨)	つま先の直上にある	8		
	9	足	腰幅程度、両足均等	9		
	10	足	バーの下に拇趾球がある	10		

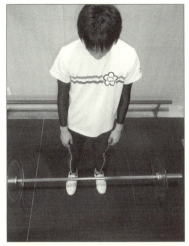
写真4-4

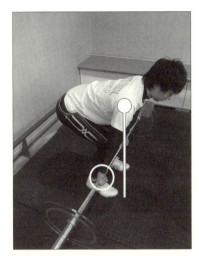
写真4-5

表4-3 デッドリフトの学習カード（著者改訂）

動作局面	No	部位	チェック	自己		自己	他者
挙上時	11	肩①	バーより前方にある		11		
	12	肩②	バーの真上にある		12		
	13	腰背	真っ直ぐ伸びている		13		
	14	脚	地面を押している		14		
	15	バー	身体の近くを通っている		15		
全体	16	全体	動作の流れ		16		
	17	難解度	意識と体感のギャップ	1 2 3 4 5	17	1 2 3 4 5	―

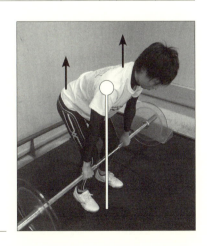
写真4-6

写真4-7　　　　　　　　　写真4-8

膝の高さを通過したら、上肢の傾きを地面と真っ直ぐにします（写真4-7、写真4-8）。

写真4-8では、殿部の筋を締めて股関節をしっかりと伸展させ、殿部が後方に残らないようにします。

まとめ

　スポーツや運動の場面における映像の活用をテーマに紹介しました。近年では分析ソフトやパソコンなども扱いやすくなり、iPadのような機器も身近になっています。運動学習での情報機器活用の効果は、自身の動きへの関心が高まり、理解を深め、動作習得の学習に有効な手段といえます。そのため、現在の学生が教壇に立つ頃にはもっと体育場面での活用方法の幅が広がっていることが予想できます。今後は情報機器を身近にする学習内容や活用方法などさらに実践していきます。

トレーニングを見る その2

実技編：**トレーニングの授業事例（2）**
フロントスクワット

座学編：**骨格筋の話**

　スポーツパフォーマンスの巧みな動きは、様々な様式の筋活動の組み合わせにより発生します。トレーニングではその動きを高めるための作業を実施するので、単に動作だけの意識ではなく筋活動へも意識を傾けることは、パフォーマンス向上に大切な心がけといえます。パフォーマンス向上に向けたトレーニングにおいて技術的・戦術的側面のトレーニングを実施することは重要なことですが、そのための体力的側面の要素を養うことが、それ以前に大切なことになります。体力的側面は大まかに3つの要素から構成されていると考えることができます。

①機能的体力（筋の活動、関節の働き、体幹の働き）。
②一般的体力（スピード、パワー、持久力を中心とした体力テスト項目）。
③専門的体力。

　ウェイトトレーニング種目は基礎体力を養うトレーニングとして位置づけられることが一般的ですが、本授業では筋の活動、関節の働き、体幹の働きを学習する教材としてフリーウェイト種目を取り上げて実施しています。今回は実技編としてフロントスクワットの学習カードの紹介と、座学編では骨格筋に関して紹介します。

表5-1　フロントスクワットの学習カード

動作局面	No	部位	チェック	評価	評価
動作中	1	背	真っ直ぐ伸びている		
	2	足	腰幅程度である		
	3	膝（膝蓋骨）	つま先の真上にある(やや外向きでもよい)		
	4	目線	2〜3m前方を向いているか		
	5	肘	前方に突き出ているか		
屈曲時	6	殿部	後方に突き出ているか		
伸展時	7	姿勢	真っ直ぐ立っているか		

実技編

トレーニングの授業事例（2）
フロントスクワット

　前回まではフリーウェイトの基本姿勢からデッドリフトを習得するための内容を紹介しました。今回の学習カードはフロントスクワットです。クリーン動作習得に向けた分習法の内容としては、下肢関節屈曲時の姿勢がキャッチ動作へ繋がるとしています。肘を前方に出す以外、殿部を突き出す姿勢や、背筋を伸ばして体幹部をしっかりと固定する姿勢などのポイントは、これまでの学習カードとほぼ同じですが、新しく加えたポイントに意識がいきすぎてしまい映像で確認すると、できていないことに驚く光景が見受けられました。

(1) 授業の流れ

　授業の大きな流れは前回と同じですが、ウォーミングアップ時に足の裏の感覚を刺激するための内容を加えました。また、学習カードの内容も新しくなり、映像を用いた授業も3回目で学生の取り組む姿勢の変化が観察されました。1回目、2回目では情報機器（iPad）操作や学習カードを使用することに精一杯である印象が強かったのですが、3回目になると他者への積極的な言葉がけや指導し合う光景が確認されました。これは、「できる」から「わかる」へと学習段階が進み他者を観察する余裕が生じたものと考えています。また、評価する作業をメンバー間で行うことで話し合いが盛んになった光景は、映像機器を用いた学習成果

写真5-1　　　　　　　　　写真5-2

の1つと考えています。

① 3～5人程度のグループ。
② 素足歩き。
③ 教員による模範と学習カードの説明のあと、3回の繰り返しを2セット実施。
④ 実施者の動作を動画撮影（写真5-1）。
⑤ セット終了ごとに動画を見ながら学習カードで評価を行う（写真5-2）。
⑥ 学習カードをグループ内で交換し他者による評価を行う。
⑦ 1セット終了時に学習カードのチェック項目で各自が課題とする点をチェックし、2セット目に意識する項目を明確にする。

フロントスクワット
　写真5-3、写真5-4は横方向と正面から見た下肢関節屈曲時のものです。肘を前方に突き出すため、視線が下に下がり背筋が曲がりやすくなるので注意して行います。下肢関節の屈曲時や体幹部の形はスクワット姿勢と同じなので、動作確認するときは、P.36のスクワット基本姿勢学習カードで意識づけするとよいでしょう（写真5-5）。
　写真5-6はバーを前方で支えているときのものです。バーを三角筋前方と鎖骨に乗せ、両手で支持します。支持する手の指はバーに引っかかる程度で、強く握らないようにします。手首が硬いなど反らない場合

写真5-3

写真5-4

写真5-5

は、バーから手を外し三角筋前方と鎖骨で支持してもよいでしょう（写真5-7）。表5-1にある動作局面No.7のチェックで下肢関節屈曲位から伸展して直立したときに、股関節が屈曲していないように殿筋を締めて直立姿勢をつくるようにします。

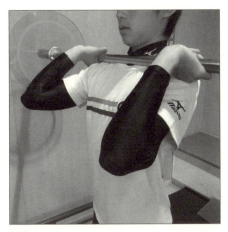

写真5-6　　　　　　　　　　　　写真5-7

座学編
骨格筋の話

(1) 骨格筋について

　骨格筋は身体の約40％を占める臓器であり、我々が運動・スポーツや日常生活を営むうえで重要な役割を果たしています。そのため、骨格筋は競技力の向上や健康増進などを目的としたトレーニングの標的となり、長期的な運動（刺激）によって、様々な構造的、機能的な変化が生じます。この変化を適応といい、運動の動作様式、速度、負荷などの様々な要素によって特異的に起こることが知られています。

(2) 筋活動

　骨格筋は筋線維の集合体であり、筋線維は運動神経を介して伝わる活動電位によって筋活動を行います。体幹や体肢を構成する多くの筋群は対を成しており、随意的動作を生み出す筋群を主働筋といい、それとは逆に伸張される筋群を拮抗筋といいます（例えばアームカールなど肘関節の屈曲動作をする際の主働筋は上腕二頭筋、拮抗筋は上腕三頭筋）。

(3) 随意最大筋力と要因

　ヒトが最大努力で発揮する筋力は随意最大筋力といわれます。この随意最大筋力を規定する構造的因子は筋横断面積、筋活動に参加する筋線維数および筋線維タイプで、機能的因子としては大脳の興奮水準と考えられています。そのため、随意最大筋力向上のトレーニングを実施するには、これらの因子を考慮する必要があります。

　一般的に、構造的因子の筋横断面積や筋活動に参加する筋線維はトレーニングなどの環境要因の影響が強く、筋線維タイプについては遺伝的要素が強いことが知られています。

(4) 筋線維タイプ

　ヒトの筋線維タイプは、ミオシン重鎖タンパク質によって大きく遅筋線維（ST、タイプⅠ線維）と速筋線維（FT、タイプⅡ線維）の2つに分類されます。速筋線維は速く、力強い筋活動を行う能力を持っています。これはカルシウムイオンの放出速度が速い、ミオシンのATPアーゼ活性が高い、筋小胞体がよく発達しているなどの代謝的要因によるもので、速筋線維の力の立ち上がりは、遅筋線維の3～5倍になります。

　また、速筋線維の中でも、タイプⅡa線維とタイプⅡb線維が存在します。タイプⅡa線維は、有酸素的能力に優れた中間型の筋線維です。遅筋線維は、有酸素性の代謝を促進するミトコンドリアやミトコンドリア内酵素を多く含んでいるため、疲労しにくく、低強度の運動で動員されます。

　競技特性と筋線維タイプの割合は密接な関係があり、トップアスリートの場合、競技に適した筋線維タイプを多く有していることが示されています（図5-1）[1]。これらの筋線維タイプの割合は遺伝的に決まっており、その後に変化することはありません。筋の性質は遺伝的な影響も多く受けることから、筋のパフォーマンスを考える際は、遺伝的な影響を考慮することが重要といえます。

(5) 筋と遺伝子の研究

　近年、スポーツや健康に関連する遺伝子が徐々に明らかにされており、200種類ほど報告されています[2]。我々は、骨格筋内の α-actinin-3

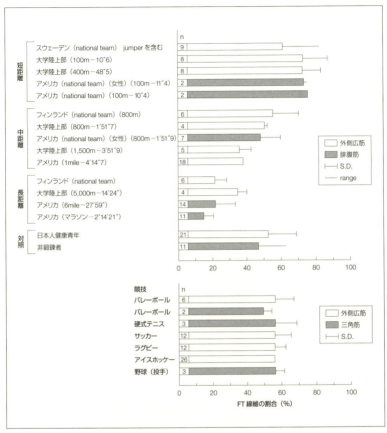

図5-1 スポーツ選手別の筋線維タイプの特徴（勝田，1993）

タンパク質の発現調節を行うACTN3遺伝子に着目し、筋機能との関連性を検討しています[3,4]。α-actininタンパク質は、骨格筋のZ膜を構成する主要なタンパク質でありアクチン同士を結合する役割を担っています。骨格筋では、α-actinin-2とα-actinin-3という2つのアイソフォームが存在していますが、α-actinin-3タンパク質は、速筋線維中にしか発現しないという特徴を持っています[4]。そのため、遺伝子多型がXX型である場合、速筋線維上にはα-actinin-3タンパク質を作り出せないことから、α-actinin-2がその機能を代用することになります[2]。

2003年にYangら[5]は、オリンピック選手などトップアスリートを対象

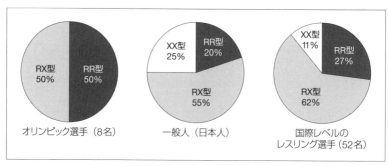

図5-2　ACTN3遺伝子多型分布

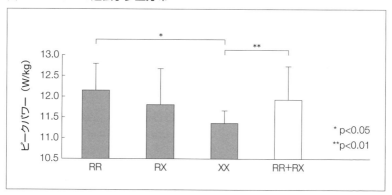

図5-3　遺伝子タイプ別、ピークパワーの比較

とした研究で、RR型はパワー系競技、XX型は持久系競技にそれぞれ適性があることを示しています。また、我々の研究においてもレスリング競技者で高い競技レベルを有する者は、R型を有する者の割合が高く、オリンピック出場選手の中にXX型はみられませんでした（図5-2）。

また、各運動部に所属する競技者のペダリング運動におけるピークパワーが、R型を有する者において、XX型を有する者と比較して有意に高いパワー出力が認められました（図5-3）。

(6) 筋と遺伝子の研究の今後

遺伝子と筋機能に関する研究は、今後のタレント発掘や、トレーニング計画の改善に有益な情報となり得ることが推察されます。しかしながら、「究極の個人情報」である遺伝子情報を扱う際には、倫理的な問題

についても十分に考慮する必要があります。遺伝子に関する研究はタレント発掘などの期待ができる一方で、競技選択の自由を奪いかねないという問題もあります。遺伝子によって競技を決めるのではなく、遺伝子多型の違いによる特性を十分に理解し、それをトレーニングに応用していくことが重要であるという観点から、競技パフォーマンスに寄与する活動が推進されていけばと考えています。

まとめ

　動作を行うときに解剖学的知識を持っていると、動きの意識も変わってきます。同じ動作でも筋活動の意識をどう持つのかがトレーニングでは大切な心がけとなります。

　トレーニングに関する知識は様々な学問領域から形成されるため、関連づける作業が難しい領域であり、パフォーマンス自体は芸術の領域にあることを感じることもあります。そのため、トレーニングに関連する情報や知識を広く、そして時に深く知ろうとする作業が大切であるように思います。

[参考文献]

1) 勝田　茂：筋の特性からみたスポーツ選手の素質, 体育の科学, 43, 875-879, 1993.
2) Bray MS, Hagberg JM, Perusse L, Rankinen T, Roth SM, Wolfarth B, Bouchard C: The human gene map for performance and health-related fitness phenotypes: the 2006-2007 update. Med Sci Sports Exerc, 41 (1), 35-73, 2009.
3) 菊池直樹，黄　仁官，上田　大，関石　基，別府健至：ACE遺伝子およびACTN3遺伝子多型が持久系パフォーマンスに与える影響, 日本体育大学紀要, 40(2), 73-80, 2011.
4) Naoki Kikuchi, Inkwan Hwang, Ryutaro Matsumoto, Dai Ueda, Seok-ki Min, Koichi Nakazato, Syouji Igawa: Is the disribution of ACTN3 and ACE polymorphisms associated with athletic performance in Japanese wrestlers? Med Sci Sports Exer. 43(5), 51, 2011.
5) Blanchard A, Ohanian V, Critchley D: The structure and function of alpha-actinin. J Muscle Res Cell Motil, 10(4), 280-289, 1989.

トレーニングを見る その3

実技編：トレーニングの授業事例（3）
ジャンプエクササイズ、ハイプル

理論編：骨格筋の生理学

　身体運動は骨格筋の収縮によって生み出されます。また、繰り返し身体運動を行うことで、筋は太くなったり、持久力がついたりと運動の特異性に応じて適応します（特異性の原理）。足を上げる、両手を広げる、肘を曲げるという運動の方向に対して抵抗（レジスタンス：Resistance）を加えることで、さらなるトレーニング効果が期待できます。そのため、トレーニング方法の英語表記においては、姿勢や運動の種類の単語との組み合わせで用いられることがほとんどです（表6-1）。

　スポーツにおける筋活動は多くの運動の種類と姿勢の組み合わせから構成されており、時に反射的にも行われます。そのため、個々の筋のトレーニングだけでは必要性を満たせない場合もあり、運動の種類を競技特異性に近づける必要もあります。しかし、競技特異的な動作に対し抵

表6-1　トレーニング時に覚えておきたい言葉

姿勢	
standing（スタンディング）	立つ
seating（シーティング）	座る
lying（ライイング）	寝る
squat（スクワット）	かがむ
bent（ベント）	上体を倒す
sit-up（シットアップ）	上体を起こす

運動の種類	
press（プレス）	押す
raise（レイズ）	起こす
pull（プル）	引く
extension（エクステンション）	伸ばす
flexsion（フレクション）	曲げる
rowing（ロウイング）	漕ぐ
curl（カール）	巻き上げる
shrug（シュラッグ）	肩をすくめる
twist（ツイスト）	捻る
kick（キック）	蹴る

抗を加えることは難しいといえます。そこで、有効とされるのがフリーウェイトです。これは、体力的側面のトレーニングですが、多くの運動の種類から構成されているため筋機能を高めるだけでなく、動きの協調性を高める効果も期待できます。また、動作速度も調節できパワーを高める効果も期待できます。

　前回はシャフトを身体の前方で支えてスクワットをするフロントスクワットを紹介しました。今回の実技編では、スクワット動作の動きに速度を加え下肢関節の協調性を高める動作を紹介します。また、理論編では骨格筋に関して引き続き紹介します。

実技編
トレーニングの授業事例（3）
ジャンプエクササイズ、ハイプル

　これまで、クリーン動作習得に向けた段階的指導（関口：2005、下嶽：2011）に則った内容での動作を紹介してきました。著者はパフォーマンス向上の体力的トレーニングとして下肢関節をダイナミックに使う運動であるクリーン動作を含むフリーウェイトの有効性を感じていることから、指導する学生にも実践させています。体育系の学部を専攻する学生は、これまでのクラブ活動やトレーニング経験の中で、シャフトを

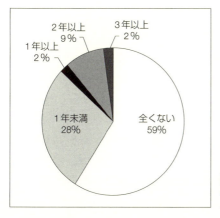

図6-1　シャフトを用いたフリーウェイトトレーニング経験

用いたフリーウェイトトレーニングを経験したことがあるものと勝手に予想していました。しかし、図6-1に示すように59％の学生はその経験が「全くない」で、大学入学時に開始した「1年未満」が28％と大多数がその経験をしたことがないことがわかりました。

　そのため、今回の学習内容はクリーン動作やその他関連種目の動作を基礎的運動学習の一環として捉え、機能的体力（筋の活動、関節の働き、体幹の働き）を習得する教材として位置づけ、クリーン動作の習得を目標としました。また、その動作を観察し、指導できる視点を養うことも目標としているため、映像機器を用い、グループでの関わりを活発にするためにグループ学習で実施しました。

　スクワット動作の下肢3関節が伸展するタイミングを合わせ、動作に勢いをつけるための感覚を養う「ジャンプエクササイズ」と「ハイプル」を紹介します。ジャンプエクササイズは下肢3関節が屈曲した姿勢から両足で地面を押し、下肢3関節が伸展すると上半身が上方向へ移動します（垂直跳びなどと同じ）。その移動した運動エネルギーがシャフトへ伝わると、剣玉についている玉のようにシャフトが「フワッ」と上昇する感覚を感じることができます。両腕が剣玉の紐部分とイメージすると、肘や手で挙げようとする力みはなくなります。実際、授業終了後の感想の記述において「同じシャフトが軽く感じた」「タイミングが合うとこれまでと違った感覚だった」などのコメントがありました。

ジャンプエクササイズ

　写真6-1は表6-2にあるハング姿勢になります。分習法としての狙いは、下肢伸展で発生させたエネルギーをシャフトへ伝えるタイミングと全身を連動させる感覚を習得することにあります。

　シャフトの位置は慣れるまでは膝上程度から行うとよいでしょう。できるだけ、手（表6-2の学習カードNo.1）と肘（No.2）の力みがないようにしてシャフトはオーバーハンド（順手）のフックグリップで握ります。殿部（No.6）は少し骨盤を前傾させた姿勢をつくるように意識します。写真6-2は下肢関節伸展時です。下肢関節の屈曲したハング姿勢から垂直跳びをするような感じで一気に伸展させます。その際、下肢関節の伸展運動を機能的に行いたいので、肘（No.9）は真っ直ぐに保ちま

表6-2　ジャンプエクササイズの学習カード

動作局面	No	部位	チェック	評価	評価		映像無
ハング姿勢	1	手	握り幅は肩幅より少し広い			1	
	2	肘	真っ直ぐ伸びている			2	
	3	目線	2〜3m前方を向いているか			3	
	4	胸	少し張る(肩甲骨を寄せる)			4	
	5	背	真っ直ぐ伸びている			5	
	6	殿部	後方に突き出している			6	
下肢伸展	7	下肢3関節	トリプルエクステンションしている			7	
	8	姿勢	頭からの軸が真っ直ぐで腰が引けていない			8	
	9	肘	真っ直ぐ伸びている			9	
	10	肩	つま先立ちのときにシュラッグしている			10	
	11	目線	下方向を向いていないか			11	
	12	全体	動作の流れ・勢い			12	

写真6-1

写真6-2

す。両肩（No.10）は下肢関節が伸展して、つま先立ちになったときに上方方向へすくめます（表6-1、運動の種類：シュラッグ）。そのとき殿筋もしっかり収縮させます。動作の速度は意識しながらなので1秒で伸展する程度です。

表6-3　ハイプルの学習カード
狙い　下肢伸展のエネルギー発揮とシャフトへの伝達

動作局面	No	部位	チェック	評価	評価	
ハング姿勢	1	足	腰幅程度のスタンス			◎ よくできた
	2	手	握り幅は肩幅より少し広い			○ できた
	3	肘	真っ直ぐ伸びたまま			△ もう少し
	4	目線	2〜3m前方を向いているか			× 全くできない
	5	胸	少し張る			
	6	背腰	真っ直ぐ伸びている			
下肢伸展時	7	殿部	後方に突き出している			
	8	下肢3関節	トリプルエクステンションしている			
	9	姿勢	頭からの軸が地面と真っ直ぐ			
	10	バー	バーが身体から離れない			
動作の流れ	11	肘	シャフトより上方にある			
		全体	動作の流れ・勢い			

アップライトロウイングからのハイプル

　分習法における狙いは、挙上する際のシャフトの軌道と腕の動きを覚えることにあります（アームエクササイズ）。握る幅は肩幅よりやや狭く（写真6-3）、身体の前面部をこするように引き上げます（写真6-4）。そのときの肘はシャフトより上にあることを意識して確認します。動作の速度は1秒で引き上げる程度です。数回行い確認できたら、シャフトの握りを広げて、ジャンプエクササイズの動きにアップライトロウイングの動きを加えます。その動きをハイプルといいます。ハング姿勢が慣れてきたら膝下でシャフトを構えます。まずは、ハング姿勢から下肢関節の伸展のタイミングを確認するためにみぞおち程度の高さまでシャフトが上がるようにします。挙上するというよりは「上がる」というほうが適切です。タイミングが合ってきたら、脚伸展と上背部を起こす速度を上げてシャフトが一気に顎下までくるようにします（写真6-7）。横から見て、シャフトの軌道は身体のラインに沿っているか、離れながら上がっていないかを確認しましょう。

　ここまで、できるようになったらフロントスクワットの屈曲位でシャフトをキャッチする姿勢になるだけです。静止画では同じ動作ですが、実際は動作速度が違います。下肢筋群を機能的に使うためにも、ケガをしないためにも段階的習得は有効です。

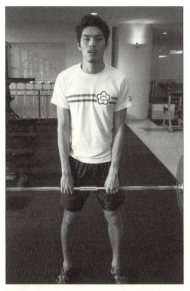

写真6-3

写真6-4

写真6-5

写真6-6

写真6-7

座学編

骨格筋の生理学

「筋肉」正式には骨格筋

普段、私たちが「筋肉」と呼んでいるのは正式には骨格筋といいます。また、骨格を動かす骨格筋以外にも心臓を構成する心筋、血液や消化物を運ぶ役割のある平滑筋の3種類の筋に分類されています。そのうち、骨格筋は随意筋、その他は不随意筋といい、骨格筋は、神経系によって支配されており、意識的に収縮および弛緩することが可能です。筋は人体に最も多く含まれている組織であり、体重の約40％を占めています。

(1) 骨格筋の構造

筋線維は1つの細胞であり、その大きさは直径10〜150μm、長さは0.1〜30cmです。筋線維の太さは筋線維の張力を、長さは筋の収縮する速さ（距離）を決定する解剖学的因子となります。

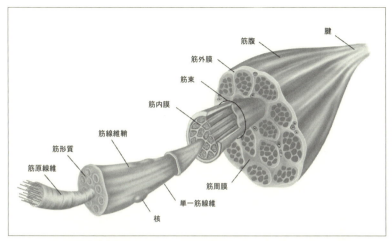

図6-2　骨格筋の構造（Beachle, et al., 2000）

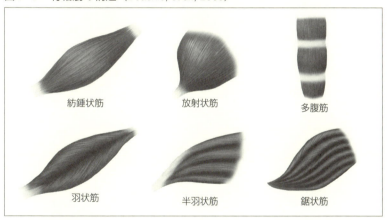

図6-3　筋の形状

　筋全体は筋外膜と呼ばれる結合組織で束ねられ腱に接続しています（例：アキレス腱）。その筋外膜の中では多数の筋線維が筋周膜と呼ばれる結合組織で束ねられ、筋束を形成しています。筋線維は筋鞘と呼ばれる薄い弾力性のある膜で覆われています。これらすべての結合組織は、腱に接続しており、筋収縮の張力は腱に伝達されます（図6-2）。
　筋には様々な形があり、筋線維が縦方向に走っている紡錘状筋は上肢や下肢に多く存在しており、その中にも筋頭が複数になっている二頭筋

65

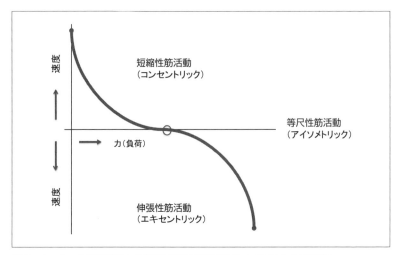

図6-4　力-速度関係と筋活動の様式別にみた力の大きさの比較

や三頭筋が存在します。また、筋線維が羽状に走行している羽状筋、筋腹が複数存在する多腹筋や起始が鋸の歯のように広がっている鋸筋などがあります（図6-3）。

(2) 骨格筋の活動様式

　骨格筋の活動様式には、短縮性（コンセントリック）、伸張性（エキセントリック）、等尺性（アイソメトリック）の3つの筋活動様式が存在します。等尺性筋活動は筋の長さを変えずに力を発揮する筋活動であり、体力測定での握力や背筋力に該当します。一方、骨格筋が短くなりながら力を発揮する筋活動を短縮性筋活動といいます。そして、骨格筋の張力より外力のほうが大きいことで強制的に伸ばされながら力を発揮する筋活動を伸張性筋活動といいます。

　それぞれの力発揮の特性をみてみると、短縮性筋活動は力-速度関係（筋の短縮する速度が増大するほど力が低下する関係）に従い、常に等尺性筋活動の力発揮に比較して小さくなります。等尺性筋活動は、筋の収縮速度はゼロであり、短縮性筋活動より大きな力発揮をします。伸張性筋活動での力発揮は、等尺性筋活動の力発揮と比較して大きくなり、筋によって異なるもの、1.2～1.5倍の値を示します（図6-4）。これら

の筋活動が繰り返されて日常動作やトレーニングが遂行されているわけです。

(3) 骨格筋の疲労

スポーツ活動による骨格筋の疲労は一過性の現象ですが、その発生メカニズムは非常に複雑といえます。一般的に筋疲労はその発現部位により、中枢性疲労（大脳運動野への興奮入力、運動神経への興奮伝達など）と末梢性疲労（筋収縮機構、筋代謝エネルギー供給機構など）に分類され[4]、筋疲労はこの中のいずれかの部位、またはいくつかの部位が連動して起こるものと考えられています。運動強度が高い運動を断続的に行った場合、筋疲労には末梢性よりも中枢性の要因が強く影響を及ぼします。

また、非侵襲的に骨格筋の代謝情報を得ることのできるMRS（核磁気共鳴スペクトロスコピー）法を用いた最近の研究によると、筋疲労に伴いクレアチンリン酸の低下とATPの分解産物である無機リン酸の増加が観察されるとしています。このことは、筋収縮に関連するエネルギー源の枯渇と無機リン酸の蓄積が筋疲労を引き起こす一要因となることを示しています。

まとめ

今回は下肢関節の動きと上半身のタイミングを合わせるジャンプエクササイズとシャフトの軌道を覚えるアップライトロウイング、その2種目の動作を組み合わせて動作速度のエネルギーをシャフトへ伝えるハイプルを、理論編では骨格筋の生理学を紹介しました。運動を中心に考えるとその動きは筋の活動であり、そのことを知る学問領域は生理学となります。トレーニングを考えるときはそのような関連づけが大切な作業になるといえます。

[参考文献]

1) 勝田　茂：筋の特性からみたスポーツ選手の素質，体育の科学，43，875-879，1993.
2) BaechleTR, et al.; Essentials of Strength Training and Conditioning. Human Kinetics, 2000.
3) BaechleTR, et al.編：福永哲夫監訳，パーソナルトレーナーのための基礎知識，NSCAジャパン，2011.
4) 後藤　篤，下嶽進一郎（2005）：ストレッチと疲労回復，からだの学，11，pp32-36，日本評論社.
5) 下嶽進一郎他（2011）：トレーニング演習，授業におけるフリーウエイトを教材とした指導内容，中京大学論叢，52（2）.
6) 関口　脩（2005）：クイックリフトの段階的指導法，NITTAI Sports Training Journal.

トレーニングを見る　その4

実践事例：**大学女子バレーボールチームの体力トレーニング**
事例報告：**トレーニング種目を教材とした授業**

　レジスタンス運動の種目であるクリーンをウェイトリフティング部の学生が行うと技術トレーニングとなり、それ以外の学生が行うと体力トレーニングの一部となります。同じ種目であってもトレーニングの位置づけは異なっています。その理由には実施する際の負荷の大きさが異なることが挙げられますが、共通した観点でいうと関節の動きとしては同じ使い方になります。そのため、体力トレーニングの一部として実施する場合には正しい身体の使い方を習得することが基礎部分を形成する意味でも重要となります。そして、その後にそれぞれの競技種目に「どう繋げるか」「関連づけるか」という段階になり、方法論や思考を見出しながらそれぞれのスポーツパフォーマンス発揮へと対応させていくことが、充実したトレーニング効果を生み出す順次性のように思います。そのため、指導する側はどのような位置づけであるかを明確にし、実施する側はどうパフォーマンスへ繋がるかを思考しながら実施することが大切だと思います。今回の実践編は球技チームにおけるトレーニング実践の事例と、レジスタンス運動の授業内容に関しての事例を紹介します。

実践事例

大学女子バレーボールチームの体力トレーニング

体力的トレーニングの共通性と位置づけ

　近年、異なる競技種目間での情報交換が活発になってきており、最近ではフィジカルコーチがその競技経験者でないことも珍しくはありません。このことは、競技の専門的運動以外でみられる一般的体力に属する運動には、競技種目を超えた共通性を有していることを傍証しているように思えます。図7-1の一般的体力がここでいう共通したものです（陸上競技の場合は技術・戦術的要素を有する場合もある）。

　球技種目において必要とされる体力や技術、戦術は質的・時間的な幅を持ちながら時々刻々と変化します。そのため、ベースとなる一般的体力の向上はその幅を支える土台としてや、隙を埋めるために大切な要素となります。ところが、一般的体力を目指したトレーニング種目の多くは競技動作とかけ離れている場合が多く、効果を実感しづらく、選手自身が必要性を感じることの難しい練習でもあります。

身体への興味や関心がパフォーマンスに活きる

　私たちは一般的体力トレーニングの要素を大きく6つのトレーニングカテゴリーに分類しています（図7-1）。そして、適切な休養とケア

目的	筋力・筋パワー	スプリント力	機敏性	無酸素性持久力	有酸素性能力	柔軟性、機能性、安定性
方法	ウェイトトレーニング	スプリント	アジリティ	レペティション走	LSD走	ファンクショナル&コアユニット
メイン種目	スナッチ	ゴム抵抗走	前後	1000m走	40分走	ピラティス
	クリーン	スプリントドリル	左右		20分走	スタビライズ
	スクワット		斜め	※3分30秒から4分		モビライズ
	レッグランジ		クロスステップ	※休息3～6分	※60～70%HRmax	コア刺激
	プッシュプレス		サイドステップ			アダクション
	懸垂					ヒップアブダクション

図7-1　一般的体力の6トレーニングカテゴリー

（治療）の認識を平行させ、勉強会などを交えて自分自身の身体に興味を持たせるように工夫しています。特に強調して発問することは「筋に刺激を与える行為と回復の行為が対の関係にある」ということです。私たちのトレーニングの大きな目的には、一般的体力の拡大とそのトレーニング過程で身体へ興味を持つことです。そのため、バレーボール以外の一般的体力の運動において負荷をかける種目を導入しながらバレーボールの動作への融合など、発見や気づきができるようになってほしいと工夫しながら取り組んでいます。

トレーニング実践種目

　一般的体力の6つのカテゴリーの実施理由と実施上のポイントを挙げていきます。我々の体力トレーニングのプログラムはウェイトトレーニングを中心にプログラムを組んでいます。その理由は、あらゆる局面での筋出力を高めることを大きな狙いとしているからです。

(1) ウェイトトレーニング（写真7-1）

　バレーボールでは重力に対して自分の体重をコントロールする能力を必要とし、地面やボールに大きな運動エネルギーを与える必要があります。女子アスリートの筋収縮速度が男子アスリートよりも低いことから、筋収縮力を高め神経筋系の抑制を解除して、原動力を高める作業であるという発想です。そのため大きな力を発揮する種目であるオリンピックリフティングを採用し、取り組んでいます。

写真7-1　ウェイトトレーニング

実施時のポイント
- フォームの確立が第一優先。
- 最大筋力、最大パワーを高める。
- 地面との接点を意識し、作用反作用の原理に基づく。
- メインとなる種目数を増やしすぎない。
- バレーボールの動きと関連させすぎない。

　ウェイトトレーニングは効果を出すまでのフォーム習得に時間が必要なため、メイン種目の動作の精度を高めることを大切にしています。全体のトレーニング計画では強度と量の調整によってシーズン中、試合直前にもコンディショニングの一環として実施できるようになることが理想です。

(2) スプリント（写真7-2）

　バレーボールでは、5m程度のスプリント場面がみられるため、水平移動における効率のよい足運びの習得と、目的方向へ移動するための高い速度が必要です。

実施時のポイント
- 自分自身（指導者）が定期的に陸上競技部のコーチにドリル指導を受ける。
- 強度よりもフォーム習得を優先する。

写真7-2　スプリント

写真7-3　アジリティ

- ペアでレジストチューブを用いて前傾姿勢の保持をサポートする。
- 3点支持から低くスタートする。
- 足の接地位置、下肢3関節の角度などに重点を置く。
- バレーボールの動きと関連させすぎない。

(3) アジリティ（写真7-3）

　バレーボールでは能動型と受動型、小刻みと大股、前後・左右方向など多くのステップを狭い範囲内で踏みます。アジリティのトレーニングでは、タイミング、方向、リズムなどの感覚を養う必要があります。個々の制限因子を発見することもできます。

実施時のポイント
- 動きづくりと最大速度の概念を明確にする。
- 気分の低下、疲労の蓄積に注意する。
- ドリルの種目数と習熟度のバランスをとる。
- 模範演技によってイメージを与える。
- バレーボールの動きと関連させすぎない。

(4) レペティション走

　最大酸素摂取量の向上、心筋肥大、心拍出量、毛細血管密度の増加を一次目的とし、筋の酸性環境への耐性、パワー発揮の維持能力向上、最大下運動でのエネルギー温存、連戦での疲労回復を狙います。

実施内容
- 1000m×1〜3本。
- 運動時間＝3分15秒〜4分00秒。
- 休息時間＝3〜6分。
- 週に1〜2回。
- 試合の週でも本数を減らして実施する場合がある。
- 設定した強度（速度）を守る。

　実施時の留意点としてはモチベーションや体調、セット間回復時間の

確保に十分配慮し、高強度運動（RPEが18以上）となるようにします。

(5) LSD走
体重管理、アクティブレスト、毛細血管密度の増加。高強度運動を実施するための代謝レベルでのベースづくり。

実施内容
- 40分または20分のジョギング、バイク。
- 無酸素性運動にならないように気をつける。
- LSDでの毛細血管密度増加は議論の余地があるが、そのことも踏まえて選手に説明する。

(6) ファンクショナル＆コアユニット（写真7-4）
ファンクショナル系トレーニングでは柔軟性や機能性を習得します。コアユニットではコアインナーユニットの筋活性を狙います。筋活動が低いため、意識することが重要となり身体に興味を持てる種目でもあります。また、身体機能的な弱点に気づくことができます。

実施時のポイント
- 絶えず意識する部分やポイントを伝える。
- 動作意識が重要であり、集中していないとファンクショナル風で終わ

写真7-4　ファンクショナル＆コアユニット

ってしまう。
- ウォーミングアップなどでほぼ毎日行えるようにする。
- バレーボールの動きと関連させすぎない。

トレーニング計画

　図7-2は、ウェイトトレーニングに関するピリオダイゼーションの概念図です。新チームスタート時には新入生はウッドバーなどを用いたスクワットやランジ、オリンピックリフティングの分習法によるフォームの習得から実施します。また、在学生に対してもバーベル運動のフォームづくりや感覚を取り戻すために多種目・高回数で反復による定着と確認を行います（集中力保持のため低レップで行う）。春季・秋季リーグが始まる周期では徐々に強度を高め、試合2日前までウェイトトレーニングを継続して行います。インカレ前1カ月はできるだけ練習前にウェイトトレーニングを行います。その際、我々は「トレーニング」という言葉を使わずコンディショニングやメンテナンスという言葉を使いながら競技パフォーマンスへの意識部分での融合を図るように工夫してい

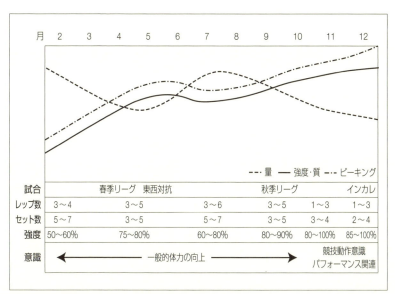

図7-2　年間トレーニングのピーキングチャート

ます。年間2回のリーグ戦がありますが、12月にピークを合わせたチームプランのため、春季リーグはメンテナンスの意味合いは持たせていません。

競技動作との切り離し

競技動作という観点ではフィジカルコーチと選手の間で考えや感覚にズレがあります。そのため、いきなりズレを正さず競技動作への必要性を説明しながら意識改革を図っています。意識改革の導入段階ではトレーニング原理まで落とし込んだ説明もします。しかし、理屈から入りすぎるとうまくいかない場合もあり、状況や個人の性格などに応じた匙加減が重要となります。また、精度との関係も問題として挙げられます。トレーニングを競技動作に近づけようとすると、代謝レベルや神経筋レベルでの強度や精度を下げてしまう場合があります。そのため、しっかりと体力と技術を切り離して、実施するトレーニングの位置づけを認識する必要があり、それによって一般的体力の向上に向けた精度の高いトレーニングになると考えています。

事例報告

トレーニング種目を教材とした授業

これまでは学習の対象となるフリーウェイト種目の技術的なポイントを示し、動作に関するポイントを認識しやすいように作成した学習カードを紹介してきました。また、その際に学習者が実施した運動の客観的評価を行うフィードバック情報を得て実態の認識が行いやすいように、2012年の授業からはその教具（ツール）としてiPad（apple社製）を用いています。そして、学習形態は学習者同士が中心となり動作の練習やアドバイスなどの協力関係を築けるように3〜4人のグループを形成して実施しました。

学習形態の違いと学習効果

2011年、2012年ともにクリーン動作習得を目指すという目標と学習す

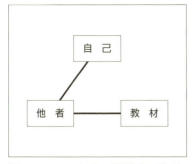
図7-3　2011年度の学習パラダイム

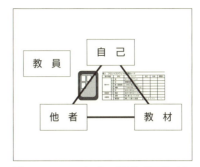
図7-4　2012年度の学習パラダイム

	2011年度	2012年度
師範回数	20回	9回
試験平均点	87.0点	93.7点

図7-5　年度間の比較（2012年度の師範回数9回中2回はカードの説明のみ）

る内容は同じでしたが、異なる結果がありました。今回はその違いや効果、iPadを用いた2012年度の学習における変容を簡単に紹介します。

　図7-3は教員が説明、演示、指示を学生に与える直接的指導（高橋健夫ほか，1988）による一斉学習での展開で、図7-4はiPadと学習カードを中心に4～5人のグループで学習活動を展開した内容を図に示したものです。指導内容はクイックリフトの段階的指導法（関口：2005）、クリーン動作習得を目指した分習法の指導内容（下嶽：2008, 2009）などをもとにした同様の内容でした。しかし、図7-5に示した結果では師範回数は半分以下になりましたが、テスト平均点では6.7点の差がありました。師範していた側からすると少し寂しい気にもなりましたが、速やかなフィードバック情報を得て自分の実態認識が図れ、学習カードを用いて課題の認識ができたことによる効果と考えています。

授業観察での行動と感想の変容

　表7-1の授業観察と学習者のコメントではグループでの学習活動において、仲間の練習や映像を見たり、アドバイスし合うなどの関わり合

表7-1 授業観察の内容と学生の授業ごとの感想コメント

時間	授業観察	感想
2	機器操作に戸惑う様子はなかった	意識することが難しい
	グループでスムーズに撮影する光景が増えた	映像で見るとできていなかった
	撮影の仕方に工夫する光景があった	案外と動作が難しかった
	学習カードを用いた確認がスムーズになっていた	できている感覚がなかった
	映像の確認がスムーズに行えていた	など
3	グループ内での言葉がけが見られた	課題がわかるようになった
	グループ内で指導する光景が見られた	下肢関節が使えた
	作業分担などスムーズに行えていた	意識してできた
	評価の作業がスムーズに行えていた	アドバイスができた、グループでできた
	動作について話し合う光景が観察された	など
4	他者を観察する光景が見られた	アドバイスで改善できた
	イメージ練習する光景が見られた	1セット目よりできた
	撮影角度を指示する光景が見られた	勢いよくできた
	積極的な指導の光景が観察された	違った感覚があった
		など

いや、協力的な関係が形成できていると確認できるコメントや行動が確認できました。今回は体力トレーニングや技術トレーニングとしての位置づけではなく、一般的体力の運動種目として動作の習得や観察できる能力の育成を目標に教材化して実施しましたが、90分を4回実施した学習内容として様々な成果があったように思います。

2012年度の学習パラダイム

フリーウェイトトレーニング種目という運動として教材にするには難しい種目であっても、iPadを活用して実施したことに関しては、

1) 動作に対し意識を高く持てた
2) 意欲的にできた
3) 興味を持ってできた
4) 変化の過程が実感できた
5) 競技に応用できそう

などの記述があり、運動の評価を自ら行った際に映像の利用の有効性に関しても、

1）動きの理解を深められた
2）動作確認しやすい（何回も見れる、違う角度）
3）改善点がわかりやすい
4）客観的に見ることで発見できた
5）比較できる（他人と自分、イメージと自分、体感と意識）
6）見直しができる（前と今）
7）実際の把握ができる

　などの記述があり、運動としてできるようになることを実感したことが窺え、課題認識や実態認識ができることで学習の効率や効果は高まり、相互コミュニケーションに積極的な影響を及ぼし、コメントや行動からグループ学習・運動意識・仲間集団形成などの学習行動のカテゴリー分類をもとに変容することが確認できました。
　また、映像機器の利用は、学習内容（教材）、学習の達成度に対する学習者自身の興味、関心を高め授業への意欲的な取り組みに寄与したと考えることができました。

まとめ

　スポーツトレーニングの構成要素である体力、技術、戦術は相互補完的な関係であり、分離と融合を繰り返しながら段階性を持ち、有機的に養われていくことで発展・向上するものと考えています。私たちは、選手が自分で考えて身体の調整ができるようになってほしいと願っています。また、「トレーニング」という言葉を広義に捉えると何かができるようになる過程と考えることができます。様々な機器や方法、思考を持って「どう繋げるか」「関連づけるか」という段階においてトレーニングができるようになると、さらなる効果出現を期待できるのではないでしょうか。

[参考文献]

1) 高橋建夫:体育の授業を創る,大修館書店,1988.
2) 関口 脩:クイックリフトの段階的指導法,NITTAIDAI Sports Training Jurnal,2005.
3) 下嶽進一郎:競技パフォーマンスへの融合(2)取り組み「ココロ意気」,Training Journal,ブックハウスHD,2009
4) 下嶽進一郎:一連の動作獲得のための補助種目-分習的に技術を理解する-,Training Journal,ブックハウスHD,2008.

トレーニングをする　その1

実技編：トレーニングの授業事例（4）
パワークリーン

理論編：トレーニング計画の考え方
ピリオダイゼーション

実技番外編：ハングパワークリーン

　トレーニング（training）という言葉を調べると、名詞では「訓練、鍛錬、練習」とあり、自動詞では「……に備えて訓練する、……するように訓練を受ける、教育される」とあります。そのため、スポーツや部活の場面での練習を指し示すときのトレーニングは、正式にいうとスポーツトレーニングということになります。様々な場所で実施されているスポーツトレーニングという言葉を用いる状況としては「今日のトレーニングは……」など、その日の練習内容を示す場合と、「順調にトレーニングできています」など一定期間以上の期間や成果を示す場合があります。つまり、様々な運動における負荷（刺激）とその継続における適応過程を示す意味があります。その方向がスポーツパフォーマンス向上であれば、それぞれにある最良の結果を獲得するために実施することになります。いきなりできるようになったり、最高のプレーができるようにはなりませんから、日々のトレーニングを積み上げる必要があります。
　これまで、実技編では初心者向けに作成したパワークリーン動作習得に向けた分習的トレーニングと、その学習カードを紹介してきました。今回はその仕上げとなるパワークリーンの学習カードの紹介と、理論編では継続していく際に立てるトレーニング計画に必要なピリオダイゼーションという、考え方のさわりを紹介します。

そして、アスリートがトレーニング手段とする場合を想定した番外編「ハングパワークリーン」の段階的トレーニング方法を紹介します。

実技編

トレーニングの授業事例（4）
パワークリーン

　本書では、「トレーニング演習」という授業で実施した学習内容を紹介してきました。レジスタンス運動の種目や内容について学習カードを用いて実施した目的には、グループ学習での学習活動を活発にするためと、動作を観察する視点を養う手段としての利用があります。また、将来的に教育現場での利用が高まると予想される視聴覚教材を用いて動作の映像確認を行い、実態の認識を高める有効性の体験という目的も設定しましたが、ここまで紹介した種目はそれぞれに独立したトレーニング種目でもあります。しかし、あえて運動学習という観点からフリーウェイト種目をその手段として取り上げ、分習的な学習内容の材料として学

表8-1　パワークリーンの学習カード

動作局面	スタート姿勢から挙上	セカンドプル							キャッチ				
部　位		肩	背	バー	下肢	背	肩	肘	肘		殿部	体幹	肘
チェック	デッドリフトのスタート構え〜挙上　学習カード2参照	①肩がバーの真上にある	②背筋が伸びている	③バーが身体から離れない	④トリプルエクステンションしている	④-2あおりが効いている	⑤シュラッグしている	⑥シュラッグ後、肘を上げている	⑦肘はバーよりも上にある	⑧キャッチ時にふらつかない	⑨バーは胸の上でキャッチしている	⑩殿部は少し後ろに引いている	⑪身体が真っ直ぐ正面を向いている	⑫肘をバーより前方に出している
1)　　kg														
2)　　kg														
◎ よくできた　○ できた　△ もう少し　× 全くできない														

習してきました。

　クラスの約90%（約60人）がフリーウェイト未経験者という集団に対しては、試験結果からみると動作が習得される内容だったのではないかと思います。しかし、実践的なスポーツトレーニングとして実施するにはもう少し技術的に習得しなければならないこともあります。今回、紹介するパワークリーンはこれまで紹介してきた分習的種目の最終段階です。そのため、学習カードの項目に示されるポイントはこれまでの学習カードと重複しますので、今回はパワークリーンの学習カードに関する細かい説明は行わず、学習時につまずくことの多かった動作局面と、その改善を狙った練習方法を紹介します。

予想される失敗と理由（1）

　トリプルエクステンションとあおり（表8-1、④）において、下肢伸展と上半身の反る動きで、膝関節と足関節が股関節よりも先に伸展し、あおりが効いていないままに腕力で挙上しようとしている。この動作局面では意識と感覚のギャップが大きく、自分がどうなっているかがわかりにくく、股関節伸展やあおりという動作に対する認識のレベルが低いことが要因として考えられます。

練習方法：シャフト抱え込みからのトリプルエクステンション

　シャフトを股関節で挟むように姿勢をつくります（写真8-1）。その際の背筋や殿部の後方突き出しなどの意識するポイントは共通しています。肘は伸ばしたままで行います。

　肘は伸ばした状態で、指導としては「股関節でシャフトを押し出すイメージでトリプルエクステンションする」とし、保持姿勢を安定させながら数回繰り返すと自然にやや後方に斜めの姿勢（写真8-2、図中線）になっていきます。動作に勢いは必要で、上肢と下肢の伸展のタイミングを獲得できるようになります。

予想される失敗と理由（2）

　ハイプル後のキャッチ局面で、手首でシャフトを返してしまいシャフトの軌道が身体から遠ざかってしまう、ハイプルからキャッチの動作局

写真8-1 シャフト抱え込み　　　写真8-2 トリプルエクステンション

面のリズムができていない、最適な動作リズムより長い感覚で動作を行っているなど、トリプルエクステンション時の姿勢からの連動性が認識されていないことなどが要因として考えられます。

練習方法：素早くキャッチ姿勢

　シャフトが回転式であることを確認し、シャフトはラックに置いたままで行います。シャフトを中心に肘を前方に突き出すフロントスクワットの姿勢を、トリプルエクステンションの姿勢（写真8-3）から一気につくります。手首を使わないことと、素早く姿勢をつくる動作速度のタイミングがわかると、シャフトの軌道が身体のラインから遠くにならず素早いリズムでトリプルエクステンション後（写真8-3、ハイプル）に、キャッチ姿勢（写真8-4）に入れるようになっていきます。

予想される失敗と理由（3）

　動作全体に勢いがなく動きを主導する股関節が働いていない、股関節の可動性が低く伸展の程度が緩い感じがする、上肢の姿勢（軸）が安定しない、足関節と膝関節の伸展でタイミングをとっている、上肢の体幹

写真8-3　ハイプルトリプルエクステンション

写真8-4　キャッチ姿勢

写真8-5　肩車スタート姿勢

写真8-6　肩車フィニッシュ姿勢

部(背骨を支えるための軸、肩甲骨)の固定が緩く地面を押したエネルギーが伝わらない、上半身が垂直より後方にいく局面がないことなどが要因と考えられます。

練習方法:肩車で股関節の屈曲+伸展運動

　担ぎ手の体重と同等以下の体重の人を肩車します(写真8-5)。担ぎ手は乗り手をしっかり支えようとすることで必然的に体幹部を安定させることになります。踵の上に尻を乗せた位置から始め、膝から頭のラインが一直線になるようにします。一直線の際に、しっかりと殿部を緊張させるように指導します(写真8-6)。回数は数回でアップとして導入するのも効果的で、トレーニング種目としても活用できます。

理論編

トレーニング計画の考え方
ピリオダイゼーション

ピリオダイゼーションの活用

　多くのスポーツパフォーマンス向上に向けたトレーニングでは種目ごとにその割合は様々ですが、体力面、技術面、戦術面、そしてメンタル面の要素を段階的かつ有機的に高める日々の練習によって発展・向上することになります。その日々の練習の内容は長期的な視野で計画することも重要であり、オリンピックを目標とした場合は4年という期間でトレーニングを設計する場合もあります。今回は、その期間を1年としたときのトレーニング計画設計に必要な考え方であるピリオダイゼーションを大まかに紹介します。

ピリオダイゼーションの理解

　ピリオダイゼーションとは、目標とする試合(時期)に向けて、年間スケジュールを管理・運営しやすい周期ごとに分割することであり、コンディションを段階的に向上させるためのトレーニング戦略といえます。その基本的な運営対象はトレーニング内容における実施種目の「強

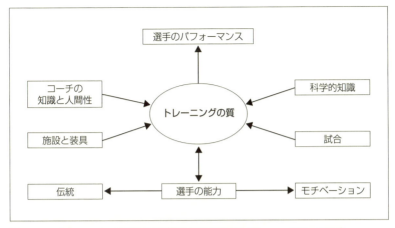

図8-1　トレーニングの質に影響を与える要素（Bompa T.O., 2009）

度と量」になります。また、1年を短い期間に分割することでトレーニングが管理・運営しやすくなり、トレーニング効果など現状の把握が行いやすくなります。

　中期・長期に及ぶトレーニング期間は目標や狙いの段階により設定することになりますが、トレーニング効果は直線的に向上することはなく、負荷と超回復のミクロレベルでの繰り返しから波状的に発展・向上していきます。近年のピリオダイゼーション理論を構築してきたBompa T.O.は、「コーチのスポーツ科学の知識の大小にかかわらず、そのコーチのプランニングや構成スキルが乏しければ、トレーニング効果は低くなるだろう」と述べており、トレーニングプロセスを構造化することで、乖離した知識を結合させることがスポーツパフォーマンス向上のトレーニング実施には重要であると考えることができます。トレーニングプロセスを構造化することは、トレーニングの質（図8-1）を高めることにも繋がり、結果として選手のパフォーマンスを最大限高めてくれるでしょう。

期分けの枠組み

　ピリオダイゼーションの構成は、大きく、

1) 準備期
2) 試合期
3) 移行期

の3期間から成り、分けられた期ごとで目的が大きく異なります。

(1) 準備期

　試合期に最良のパフォーマンスを発揮するために必要な土台を形成することが最大の目的で、競技特異的トレーニングからは遠い位置にある「一般的準備期」と競技特異性を踏まえた「専門的準備期」に大きく分けることができます。また、負荷のかけ方や発達段階の漸増性を踏まえ準備期ⅠやⅡなどの段階で分けることもあります。主に一般的準備期では競技特性をあまり考慮せず単純な作業能力を高めること（筋サイズの増加など）が先行し、疲労を伴う大きな負荷を一定期間かけることが目的となります。それに伴って徐々に高くなる精神面や身体面の要求にも対応できるようになるという考えです。

　専門的準備期では、一般的準備期のトレーニングで得られた精神的、身体的側面が土台となり、競技特性を踏まえた専門的体力トレーニングの効果を狙った内容で構成され、パフォーマンス発揮に向けた意識と感覚をつくります。したがって、ここでは競技の生理学的特性や動作、または戦術といった方法論的特性に応じたさらなる体力の発達を目的として実施します。

(2) 試合期

　競技に必要とされる専門的運動能力を完成させ、安定したパフォーマンスが発揮できる状態を維持することが最大の目的となります。実際の競技を分析したうえで動作や戦術局面を引き出し、実際の負荷よりも高くしたり低くしたりすることで、刺激が変化する中で専門的運動能力を向上させることができます。負荷を高く設定した場合は筋力やパワーを刺激し、負荷を低く設定し動作速度を意識した場合にはスピードを刺激することが可能になります。数カ月続くリーグ戦やトーナメント戦では、後半になるほど難しい試合が組まれることがほとんどですから、準

備期で獲得した体力レベルを維持するということが重要になり、ピークをいつに合わせるかを考え「強度と量」をコントロールした計画が必要となります。また、体力の低下は筋発揮レベルを下げるだけでなく、ケガを発生させる要因にもなります。

(3) 移行期
試合期で蓄積された身体的・精神的疲労の回復や、ケガの治療、試合期の分析を行い、振り返りと改善点の抽出を行うことが目的となります。

周期（サイクル）の設定
ミクロサイクルは通常は3〜7日のトレーニング周期をいいます。ミクロサイクルでのトレーニング内容としては同様の目的と方法のトレーニングを2〜3回繰り返すことが望ましいでしょう。学校行事やカレンダーに沿って1週間単位とすることが多いですが、負荷と回復の周期性を踏まえると、どちらを優先するかという点が課題といえます。

マクロサイクルはミクロサイクルを数回連続させた周期をいいます。通常2〜8回のミクロサイクルを連続して集合した期間（2〜8週）となります。生理学的適応が得られる期間を設定する場合や、獲得したい課題や目的に対し集中的に行ったほうが効果の出現レベルが高いとするブロックピリオダイゼーションという考え方などもあります。

筋力強化の段階性 （図8-2の筋力を参照）
筋力強化のトレーニングは大きく4つから5つの段階で進行させ、解剖学的適応－筋肥大－最大筋力－最大パワー－維持の順番で取りかかることが一般的な考え方になります。トレーニングによってアスリートが最も追求するのは最大パワーの向上であり、より高いパワーを得ようとするならば最大筋力を高めておく必要があります。さらに、より高い筋力を得ようとするならば、筋量を高めておくことが必要とされます。

(1) 解剖学的適応期－筋肥大期
年間の中で最も多くのトレーニング量を実施できる唯一の期間であ

月	1	2	3	4	5	6	7	8	9	10	11	12
期間	移行期	一般的準備期		専門的準備期		試合期Ⅰ	移行期Ⅰ	一般的準備期	専門的準備期	試合期Ⅱ		重要な試合
マクロサイクル												
ミクロサイクル	1 2 3 4	5 6 7 8	9 10 11 12	13 14 15 16 17	18 19	20 21 22 23 24 25	26 27	28 29 30 31	32 33 34 35 36 37	38 39 40 41 42 43 44	45 46 47	48 49 50 51 52
試合												
筋力	回復	解剖学的適応	最大筋力	パワーへの転換		維持（高負荷低回数）	回復	解剖学的適応	パワーへの転換	維持（高負荷低回数）		
スピード	・遊び ・楽しみ	・無酸素 ・有酸素性持久力	・無酸素 ・有酸素性持久力	・最大スピード（短） ・無酸素性持久維持	・専門的スピード		・有酸素性持久力	・最大スピード（短） ・無酸素性持久力	・専門的スピード			
スキル	・遊び ・楽しみ	基礎スキル		上級スキル		ゲームシミュレーション	基礎スキル	上級スキル		ゲームシミュレーション		
学業		期末試験					期末試験					
メンタル												
栄養												
ピーキング	1 2 1 2	4 4 4 4	4 5 5 6	6 6 7 7	6 7	8 8 8 7 8 8	8 3	4 4 4 5	5 6 6 6 7 7	7 7 8 8 8 9 9	9 9 9	9 10

図 8-2　1年に2回のピークを持つピリオダイゼーションチャートの例。ピリオダイゼーションチャートを作成する手順としては、最大目標の設定（ピーキングの設定）がまず必要であり、そこから逆算して計画を立てることになる。

り、この時期にしっかりした身体をつくることが、以降の最大筋力や最大パワー向上によい結果をもたらします。競技によっては、アスリートが筋肥大に抵抗を持っている場合があるでしょう。相手との接触がなくジャンプや水平移動が主となるネット型競技のアスリートや、持久力やスピードを強みとしているアスリートの場合には、筋肥大によって筋肉や体重が増え、動きが鈍くなったり、パフォーマンスのマイナス要素になると考えているケースが多々あります。しかし、筋肉は単なる「おもり・お荷物」ではなく「動力源・エンジン」であることや、筋肉づくり（筋肥大）をするのは年間の中でも限られた期間だけであり、パフォーマンス向上に向けて段階的にプログラムを実施していることを理解する必要があります。したがって、この時期以外は筋肥大を狙うことは少ないといえるでしょう。この時期には、できるだけ大きな可動域でトレーニング動作を行い、靱帯や腱に適度な刺激を与えて、後に行う強度の高い運動への耐性を高めることが重要になります。

(2) 筋力期

最大筋力の向上は、傷害を未然に防ぐための関節の安定性や、不安定な動作でのバランス能力や身体制御能力を引き上げることに加えて、最大パワーを向上させる前段階に必要とされる能力です。最大筋力を向上させるためのトレーニングの特徴は、可能な限り多くの神経－筋単位を動員できる強度と量を選択することです。最大筋力の向上を目的とする場合には、最大あるいは超最大（エキセントリック収縮）による刺激が必要とされる場合もあります。

(3) 最大パワー

アスリートが最も獲得したい要素であり、前段階で獲得した筋力にスピードの要素を掛け合わせたトレーニングで構成します。大きな負荷に対して可能な限り高いスピードを発揮することが必要となるため、85％以上の負荷をかけることが最大パワーの獲得に効果的とされており、低い負荷（50％以下）ではあまり効果が望めない場合もあります。ただし、トレーニングの経験年数や熟練度などによっては85％以下の負荷であっても最大パワーの改善に有効な負荷となる場合もあるようです。この時

期に最も重要とされるのは、負荷の大小にかかわらず、力の発揮速度を強く意識することといえます。力の発揮速度を高めるためには、高いモチベーションや集中力が必要になりますので、運動と休息の割合が強く影響します。

強度と量の変化

　強度の種類は、重量、高さ、速さなどで示され、量（Reps、Sets）は回数、距離、時間の長さなどで示されます。一般的に、強度を高くすると量をこなすことは難しく、量を増やすと強度は低くなってしまいます。トレーニング内容や手段は同じであっても、強度や量の調整や設定、休息の時間によってトレーニングの負荷は大きく異なり、効果にも違いが生じます。そのため、実施時には目的達成に対して、強度と量を変化させることが必要になります。例えば、筋肥大期においては、低・中負荷を高回数で行い、休息はそれほど長く取りません。逆に、最大パワー期では高負荷を低回数で行い、モチベーションや集中力保持のために休息を長めに取る場合があります。

　強度と量の変化は、適応にも関連しています。トレーニングは適切な強度と量によって、心身に様々なストレスをかけ続ける成長過程といえます。高いレベルのパフォーマンスは、長い年月をかけて計画・実践されたトレーニングの成果です。その過程には、常に成長を続ける私たちの身体と心があるのです。強度を高めることで適応を引き起こし、その成果としてパフォーマンスが獲得されます。もし、トレーニング強度を変化させず同じレベルのもので実施したならば、心身のレベルもプラトーとなりパフォーマンスの停滞に繋がることを意味します。

統合型ピリオダイゼーション（Integrated Periodization）

　スポーツパフォーマンスを構成する要素は多岐にわたります。そのため、ピリオダゼーション理論を採用する際には図8-2の下部にある、心理面や意識、栄養、学業など個人や団体に関連する要素を含めた統合型ピリオダイゼーションとして構造化することが現実的で有効活用できます。試合前は、セルフコントロールが極めて難しくなる場合が多いため、自分自身を動機づけるサイクルや、パフォーマンスに影響を与える

と考えられる食事、また学力テスト期間などをあらかじめ確認することなど、普段からミクロサイクルの中で統合型ピリオダイゼーションを意識することが大切です。

ピリオダイゼーションの活用における留意点

　ピリオダイゼーション理論はあくまでトレーニング計画のガイドであり、一度立てたらそのままでよいというわけではありません。個人の発達具合や団体内でのレベル差など状況に応じ、計画の修正や内容の変更、改善を行う必要があるため、サイクル単位ごとで反省作業を行います。そのため、どのような方法で成果や効果を評価するかという基準の設定も重要となります。また、例えば図8-2に示されたようにトレーニングは計画に則って進められますが、計画以外のことを実践しないというわけではありません。常に変化していくアスリートの状況や現状に対応したり、新しい方法などを取り入れるなど、柔軟な対応力も必要となります。

実技番外編

ハングパワークリーン

ハングパワークリーンの段階的練習法

　ハングパワークリーンは、全身のパワーを向上させるトレーニング種目として、スポーツ現場で広く実践されています。通常のパワークリーンはバーベル（以下バーとする）を床から挙上するのに対し、ハングパワークリーンはハングポジション（膝上）から開始するため、動作範囲が少なく、クイックリフトの中でも習得しやすいトレーニング種目として活用されています。特にアスリートは、競技種目の練習に時間を費やさなければならないため、難易度の低いハングパワークリーンを取り入れることが多いように思われます。しかし、動作範囲が少ないとはいえ、セカンドプルからの動作は複雑なうえに一瞬で動作が終了するため、技術ポイントを押さえられないまま不完全なフォームでハングパワークリーンを行っているケースがしばしば見られます。正しい方法で実

践しなければ、期待した成果が得られにくいだけでなく、ケガにもつながることから、指導・習得を断念してしまう人も少なくないでしょう。ここでは、ハングパワークリーンの指導手順を整理し、アスリートがハングパワークリーンを効果的に習得できるためのトレーニング方法を紹介していきます。

指導・練習の手順

　ハングパワークリーンは、バーを大腿部中部に保持したハングポジションから開始し、セカンドプル、キャッチ、リカバリーの3つの動作段階で構成します（写真8-7）。各動作段階は、高速な動作の中に多くの技術ポイントが含まれているため、一連の動作をそのまま習得するのは困難といえるでしょう。そこで、図8-3に示す5つのトレーニング種目を用いて、各ステップの技術を段階的に習得していくスモールステップを採用することで、複雑な動作を確実に身につけることができるように工夫しています。

　この練習方法は、各ステップが次のステップの土台となっているため、最初のステップを適切に行うことができるようになってから次へのステップへ進み、ハングパワークリーンを完成させていきます。このような段階的な練習方法により、無理なく効果的にパワークリーンを習得することが期待できます。また、次へのステップに移っても前のステップをウォームミングアップや重量を増やしてのトレーニングとして位置

写真8-7　ハングパワークリーンの動作段階

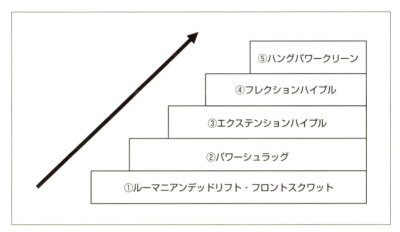

図8-3　ハングパワークリーンの習得に向けたスモールステップ

づけることで、より正確なフォームの習得とパワーを獲得することが期待できます。

STEP 1-1：ハングデッドリフト
目的

　正確なハングポジションによる姿勢の保持ができない状態でハングパワークリーンを行うと、効果的なパワーの獲得が不十分となるだけでなく、ケガの原因にもなります。そのため、ハングポジションを習得することは、土台となる最も重要な段階といえるでしょう。ハングデッドリフトを習得することで、ハングポジションに必要となる姿勢を常に意識し、正確なハングポジションを習得することができます。

動作

　開始姿勢は膝を最大伸展させずに骨盤を前傾し、バーを身体に引きつけておきます（写真8-8-1）。この開始姿勢から、股関節を後方へ突き出し、膝の角度を変えないように上体を倒していき（写真8-8-2）、バーが膝の上まで到達したら、上体を起こし、終了姿勢を完成させます（写真8-8-3）。動作中は常にバーを身体に引きつけることを忘れないようにしましょう。

STEP 1-1
[ハングデッドリフト]

開始姿勢　　　　　最大屈曲局面　　　　　終了姿勢

❶　　　　　　　　❷　　　　　　　　❸

予想される失敗と改善方法

予想される失敗
ハングポジションの際にバーが肩より前に出てしまう。

改善するためのポイント
- 肩がバーの前にくるまで殿部を後ろに突き出す。
- 上体を倒したことでハムストリングスが伸びることを確認する。

予想される失敗
ハングポジションの際にバーが身体から離れてしまう。

改善するためのポイント
- 胸を張り、広背筋を使いバーを引き寄せる。

写真 8-8

STEP 1 - 2
［フロントスクワット］

開始姿勢　　　　　最大屈曲局面　　　　終了姿勢

①

②

③

予想される失敗と改善方法

予想される失敗
最大屈曲面で肘が下がる。

改善するためのポイント
- 肩関節が硬い人は、バーを握ろうとせずに指で引っかけながら肘を上げ、三角筋にバーを預ける。

予想される失敗
最大屈曲面で上体が後傾し膝が屈曲しすぎてしまう。

改善するためのポイント
- 殿部を後ろに引く。
- 肘と殿部を遠ざけるように意識する。

写真 8-9

STEP 1-2：フロントスクワット
目的
　キャッチポジションが完成されていない状態で無理にバーをキャッチすることは、手首のケガにつながるため、正確なキャッチポジションの習得が必要となります。フロントスクワットは、ハングパワークリーンのキャッチポジションを意識させることができ、正確なキャッチポジションを習得することができます。

動作
　開始姿勢では、体重を踵に乗せて真っ直ぐ立ち、肘を上げ、前方へ突き出します（写真8-9-1）。この姿勢から、殿部を後方へ突き出し、膝がつま先の延長線上にくるまで屈曲させながら、膝の角度が90°になるまで下降します（写真8-9-2）。そこから足裏で地面を押しながら、膝関節と股関節を伸展させ、終了姿勢を完了させます（写真8-9-3）。動作中は常に肘を上げて、前方に突き出しておきます。

STEP 2：パワーシュラッグ
目的
　ハングパワークリーンによって発揮される爆発的なパワーは、正しいハングポジションの姿勢から勢いよくトリプルエクステンションすることで獲得します。しかし、特に初心者では、プル動作に意識が向きすぎてしまうことでトリプルエクステンションがおろそかになり、上半身で重量を引いてしまうことがしばしばみられます。パワーシュラッグは、プル動作を行わないため、トリプルエクステンションに集中することができ、ハングポジションからバーを大腿部に引きつけたままトリプルエクステンションすることを習得できます。

動作
　開始姿勢から殿部を後方へ突き出し、上体を倒すことで正しいハングポジションの姿勢をとります（写真8-10-1、2）。ハングポジションから足底を地面に押しつけることで動作を開始し、足関節、膝関節、股関節を素早く伸展させます（写真8-10-3）。トリプルエクステンションと

STEP 2
［パワーシュラッグ］

　　開始姿勢　　　ハングポジション　　トリプルエクステンション　　終了姿勢

① ② ③ ④

予想される失敗と改善方法

予想される失敗
股関節が完全に伸展しない。

改善するためのポイント
- 常にバーを身体に引きつけておく。
- 両足で地面を押して伸び上がる。

予想される失敗
トリプルエクステンションの際にバーが身体から離れてしまう。

改善するためのポイント
- 常にバーを身体に引きつけておく。
- トリプルエクステンションと同時に肩甲骨を挙上（シュラッグ）させる。

写真 8-10

同時にシュラッグ（肩甲骨の挙上）することで、肘を伸ばしたまま最大限にバーを挙上します。シュラッグ後は殿部を後方へ突き出し、上体を倒すことで終了姿勢（ハングポジション）に戻ります（写真8-10-4）。

STEP 3：エクステンションハイプル
目的

ハングパワークリーンは、トリプルエクステンションと同時に肘を引き上げ、おもりを胸の高さまで瞬時に挙上しなければなりません。エクステンションハイプルを習得することで、動作を通して常にバーを身体の近くに保持した状態で、トリプルエクステンションしながら、瞬時にバーを胸の高さまで挙上することができます。

動作

開始姿勢から股関節を後方へ突き出し、上体を倒すことで正しいハングポジションの姿勢をとります（写真8-11-1、2）。ハングポジションから足底を地面に押しつけることで動作を開始し、足関節、膝関節、股関節を素早く伸展させ、上体の起き上がりと同時にシュラッグ（肩甲骨の挙上）をしながら、肘を外に向けたまま肘からバーを首元まで瞬時に引き上げます（写真8-11-3）。エクステンションハイプル後は股関節を後方へ突き出し、上体を倒すことで終了姿勢（ハングポジション）に戻ります。

STEP 4：フレクションハイプル（キャッチハイプル）
目的

ハングパワークリーンは爆発的に挙上したおもりをハイポジションでキャッチすることで動作が終了します。バーをキャッチするときは、トリプルエクステンションと同時に挙上したバーが上方にいくのに対し、股関節、膝関節、足関節を屈曲しながら、身体を沈み込ませます。フレクションハイプルを習得することで、上方に挙上されたバーを速やかにキャッチポジションまで移行することができるようになります。

STEP 3
［エクステンションハイプル］

| 開始姿勢 | ハングポジション | エクステンションハイプル | 終了姿勢 |

① ② ③ ④

予想される失敗と改善方法

予想される失敗
バーが身体から離れてしまう。

改善するためのポイント
- 動作中は常にバーを身体に引きつけておくことを確認する。
- 肘を外側に向けながら、肘を高く引き上げる。
- 適切にパワーシュラッグができているかを確認する。

予想される失敗
トリプルエクステンションより先に、プル動作を行ってしまうことで、バーが胸部に当たってしまう。

改善するためのポイント
- トリプルエクステンションが完了する直前まではバーを身体に引きつけ、プル動作を我慢する。
- 適切にパワーシュラッグができているかを確認する。

写真 8-11

STEP 4

[フレクションハイプル（キャッチハイプル）]

開始姿勢	ハング ポジション	トリプルエクス テンション	フレクション ハイプル	終了姿勢

①	②	③	④	⑤

予想される失敗と改善方法

予想される失敗
トリプルエクステンションする前にバーを上半身で引いてしまう。

改善するためのポイント
- トリプルエクステンションするまでバーを身体に引きつけることをやめない。
- トリプルエクステンションの際にシュラッグを意識し、シュラッグによって挙上したバーを上方に引き上げる。

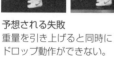

予想される失敗
重量を引き上げると同時にドロップ動作ができない。

改善するためのポイント
- エクステンションハイプルしてからドロップするのではなく、引き上げると同時にもぐることを徹底する。

写真 8-12

動作

開始姿勢から股関節を後方へ突き出し、上体を倒すことで正しいハングポジションの姿勢をとります（写真8-12-1、2）。ハングポジションから足底を地面に押しつけることで動作を開始し、足関節、膝関節、股関節を素早く伸展させます（写真8-12-3）。上体が起き上がるのと同時にシュラッグ（肩甲骨の挙上）をしながら、肘を外に向けたまま肘からおもりを引き上げます。重量が引き上がると同時に、股関節、膝関節、足関節を屈曲させてキャッチポジションに入ります（写真8-12-4）。フレクションハイプル後は股関節を後方へ突き出し、上体を倒すことで終了姿勢（ハングポジション）に戻ります（写真8-12-5）。

STEP 5：ハングパワークリーン

目的

ハングパワークリーンはフレクションハイプルのドロップ時に手首を返しながらキャッチ動作をすることで完成します。これまでの段階的ステップにより、フレクションハイプルまでの行程が習得されているため、スピードのある動きの中でもキャッチ動作を意識し、ハングパワークリーンを身につけることができます。

動作

開始姿勢から股関節を後方へ突き出し、上体を倒すことで正しいハングポジションの姿勢をとります（写真8-13-1、2）。ハングポジションから足底を地面に押しつけることで動作を開始し、足関節、膝関節、股関節を素早く伸展させます（写真8-13-3）。上体が起き上がるのと同時にシュラッグ（肩甲骨の挙上）をしながら、肘を外に向けたまま肘からおもりを引き上げます。バーが上昇すると同時に、股関節、膝関節、足関節を屈曲させ、手首を返しながら肘を前方に突き出しながらキャッチポジションに入ります（写真8-13-4）。キャッチ動作後は、膝関節と股関節を伸展させ、終了姿勢となります（写真8-13-5）。

STEP 5

[ハングパワークリーン]

開始姿勢　ハングポジション　トリプルエクステンション　キャッチ　終了姿勢

❶　❷　❸　❹　❺

予想される失敗と改善方法

予想される失敗
バーを返すことを意識しすぎてバーを振り回しながらキャッチしてしまう。

改善するためのポイント
- 肘を外に向けたままトリプルエクステンションをし、身体に沿って挙上したバーを中心にバーの下をくぐらせながらキャッチする。

写真 8-13

まとめ

　ハングパワークリーンを段階的に習得することで、不完全な技術でトレーニングすることを防ぎ、効率のよいパワーの獲得が期待できます。また、ハングパワークリーンに到達しても、それ以前の動作段階で予想される失敗が見受けられる場合は、ひとつ前のステップが正確にできているか、ハングポジションとキャッチポジションが正確に身についているかなどを確認していく必要があります。

[参考文献]

1) Graham, J., (2002): Periodization research and an example application. Strength and conditioning Journal, National strength & conditioning association, 24 (6): p62-p70.
2) Bompa T. O., Haff G. G. (2009): Periodization Theory and methodology of training, Fifth Edition, Human kinetics. p57-p284.

トレーニングを評価する　その1

理論編：**現状を把握・管理するための体力テスト、フィールドテスト**
実技編：**徒手トレーニングの種類と活用**

　運動やスポーツでトレーニングを行う目的は、大会で最良の結果を収めるためや、健康の保持・増進、プロポーション改善、ケガの予防、ケガをしない身体づくりなどが挙げられます。スポーツパフォーマンス向上を目標にしたトレーニングにおいてはトレーニング内容や過程が重要になりますが、食事や睡眠などの生活習慣も一環として捉えることができます。つまり、日々のコンディションを整えることも重要なトレーニングの要素と捉える必要があります。コンディションとは「状態」「調子」「条件」などを意味しており、そのパラメータには日々変動する体重・安静時心拍数・食事内容などや、筋力、瞬発力、持久力、柔軟性などの体力テストや競技種目特性を考慮したフィールドテストの項目が挙げられます。様々なパラメータの情報は、トレーニング計画や内容を作成、変更・改善する際や発展・向上を知る有効な指標となります。

　今回は、スポーツ選手に必要な基礎体力のモニタリングに欠かせない「体力テスト」の活用方法や留意点について紹介し、実技編では筋力トレーニングの方法のひとつである他人が加える力や体重を負荷重量とする徒手抵抗や、ペアトレーニング（以下徒手トレーニング）の一部を紹介します。

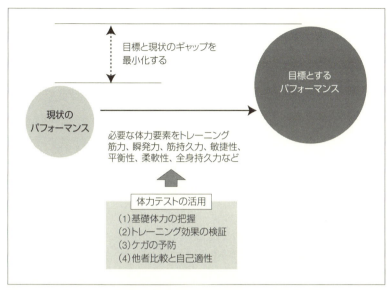

図9-1　パフォーマンス向上を目的とした体力テスト活用モデル

理論編

現状を把握・管理するための体力テスト、フィールドテスト

体力テスト、フィールドテストの意義

1）基礎体力の把握

　目標とするパフォーマンスを達成するためには、現時点の自分の状態（能力）を正確に把握することで課題やトレーニング計画の見直しができます。すなわち、トレーニングを管理する手段として活用することができます。

2）トレーニング効果の検証

　年に数回実施することで、トレーニング効果の出現や現状（前回との比較）を知ることができます。

3）ケガの予防

　定期的な測定データの観察から、身体の左右差や身体組成の変化に気

づくことができます。極端な数値の低下からは、オーバートレーニングなどの可能性も考えることができます。些細な変化を知ることでケガの兆候を予測し、未然に防ぐことにつながります。

4）比較と自己適性

前年比などのデータを比較することは現状の状態を客観的に知ることができ、トレーニング要素における課題の発見へ繋がります。また、測定項目の数値や、その向上率などから種目あるいはポジションの転向や、新入部員の適性を判断する基準として活用することもできます。

種目選択

文部科学省が提示している新体力テストが代表的ですが、各競技種目においては、必要とされる体力的要因が評価できるテスト項目を採用し、構成することが重要といえます。例えば、ウェイトトレーニング種目を入れたり、自転車を使用した無酸素性パワーや、五段跳びやボール投げなど必要性や特異性に応じ、様々な選択をするのがよいでしょう。

測定の留意点

1）短時間で簡単な測定項目

定期的な体力テストを実施するうえで、準備や測定に時間がかかる項目は適していないため長期間継続的に実施できるように構成します。

2）テスト項目における技術

例えば、パワークリーンやメディスンボール投げのように数値の向上

表9-1　体力テスト測定項目例

体力要因	測定項目
体格	身長、体重、体脂肪率、除脂肪体重、周育、長育
筋力	握力、背筋力、ウェイト種目（ベンチプレス、スクワットなど）
瞬発力	垂直跳び、立ち幅跳び、立ち五段跳び、50m走、ハンドボール投げ、メディスンボール投げ、パワークリーン
筋持久力	上体起こし、懸垂腕屈伸、腕立て伏せ
敏捷性	反復横跳び、J・Sテスト、ヘキサゴンテスト、バーピーテスト、棒反応時間
平衡性	閉眼片足立ち、バランステスト
柔軟性	立位体前屈、長座位体前屈、上体反らし
全身持久力	持久走（女子1000m、男子1500m）、20mシャトルラン、踏み台昇降運動、12分間走

に技術が大きく関わるような項目は、評価する際に、現状や習得具合の配慮が必要となります。

3）測定の条件

　測定はできるだけ条件を統一させる必要があります。姿勢や動作など同じ条件で行えるように確認し、誰がやっても同等にできるようにすることが望ましいといえます。気温や湿度、季節や場所の条件を把握したうえで測定やデータの分析を行う必要があり、それにより信頼性が高いデータとなります。

測定データの分析と評価

　何十年もの蓄積されたデータは貴重な資料となりますが、ただ単に蓄積・管理するだけのものではなく、トレーニング効果を検証することが最大の目的であるといえます。つまり、データを適切に評価するということが重要といえます。評価項目として以下のものが挙げられます。

①数値の高い項目と低い項目から、自分の体力の特徴を評価する。
②過去のデータと比較し、トレーニングの成果を評価する。
③全体と比較し、体力レベルを評価する。
④目標とする選手のデータと比較し、課題を見つけ出す。

実技編

徒手トレーニングの種類と活用

徒手トレーニングのはじめに

　レジスタンス運動の方法の1つとして、人の力や体重を負荷重量として行うトレーニングに徒手抵抗トレーニングやペアトレーニング（以下徒手トレーニング）があります。負荷重量のかけ方としては、パートナーがトレーニング実施者の身体に直接触れて負荷重量をかけるやり方と、タオルなどの身近な用具を用いたやり方があります。体育授業や部活の場面では、筋力トレーニングとしての効果以外にも目的があると考えています。

1つ目はウォーミングアップ種目としての活用です。ウォーミングアップの目的には、メインの練習や授業内容に向けて筋温を高める必要があるため、その手段として用いることができます。

　2つ目は、他者と触れ合うことでのコミュニケーションを促す活用です。体育授業で、クラス全体に緊張感が漂っている時期などに導入内容として用いることもできます。入学や進級して間もない時期など、パートナーを入れ替えて多くの人とペアを組むことで、お互いの距離が縮まり、授業だけではなく大学生活を活発にするきっかけとなることも期待できます。

　徒手トレーニングは以下の特徴を有しています。

①あらゆる角度から負荷をかけることができる。
②パートナーが主観的に負荷重量を調節できる。
③高価な機器や広大なスペースを必要としない。
④パートナーとコミュニケーションが密に取れる。

　では、部位別に徒手トレーニングの一部を紹介します。

部位別徒手トレーニング
[肩まわり]
アップライトロウイング（写真9-1-1、2）
スタート位置
- トレーニング実施者は直立姿勢でタオルの中央を持つ。両手の幅は握り拳1個程度。
- パートナーはタオルの両端を持って構える。

動き
- トレーニング実施者は肘を伸ばした状態から、肘をできるだけ高く引き上げる。

抵抗
- トレーニング実施者がタオルを引き上げる動きに対して、パートナーがタオルを下方向に引く力を負荷重量とする。

写真9-1　アップライトロウ

ショルダープレス（写真9-2-1、2）
スタート位置
- トレーニング実施者は両足を組んで背筋を伸ばして座る。肘関節の位置は肩の高さで保ち、屈曲させて手のひらを上に向ける。
- パートナーは、トレーニング実施者の背面に立ち、肘を伸ばした状態で手を握る。

動き
- トレーニング実施者は肘関節を屈曲させた状態から、上方向に押し上げる。動きの範囲は肘関節がやや屈曲しているところまでとし、完全に伸展しないようにする。

抵抗
- 肘を伸ばす動きに対して抵抗をかける。抵抗の強さは、動作開始時に強めとし、動作の終盤で弱める。

写真9-2　ショルダープレス

[胸部]
プッシュアップ（写真9-3-1、2）
スタート位置
- トレーニング実施者は床に手をついて、腕立て伏せの姿勢をとる。両手の幅は肩幅よりやや広めにする（膝をついた腕立ての姿勢や、股関節が屈曲した四つん這いの姿勢でもよい）。
- パートナーは両腕を胸の前で組み、トレーニング実施者と背中を合わせ仰向けの姿勢をとる。このとき腹筋に力を入れて両足をしっかり地面につけ、身体を安定させる。

動き
- 肘を伸ばした状態から肘を曲げて胸を床面に近づける。動きの範囲は肘関節の屈曲、伸展が大きいほうがよいが、負荷重量となるパートナーの重さに合わせて狭い幅に設定してもよい。

抵抗
- パートナーは体重を預けて動きの全範囲に対して負荷重量をかける。

写真9-3　プッシュアップ

[腰背部]

スタンディングロウイング（写真9-4-1、2、3、4）

スタート位置

- お互いの手首をつかんで構える。脚は少し前後にして構える。

動きと抵抗

- 少し重心を落とした姿勢のまま、お互いに引き合って抵抗をかける。肩甲骨を寄せるように意識して肘を後方へ引く。引っ張るとき上体が後傾しないように注意する。

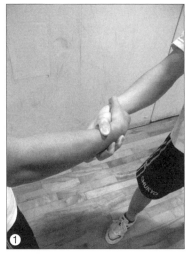

写真9-4　スタンディングロウイング

[腹部]

トランクカール（写真9-5-1、2）

スタート位置

- トレーニング実施者は仰向けの姿勢で膝を立てた姿勢をとる。頭の後ろで手を組み、脇を締める。

- パートナーはトレーニング実施者の脚を固定し、両肘を押えて構える。

動き
- トレーニング実施者は背中を床面につけた姿勢から、臍を覗き込むようにして、上体を上げる。

抵抗
- パートナーはトレーニング実施者が上体を上げる動きに対して、負荷重量をかける。

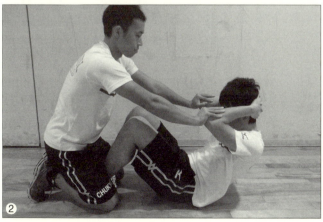

写真9-5　トランクカール

注意点
- 勢いをつけすぎて首へストレスがかかると危ないので、腹筋の収縮に対して抵抗をかけるようにする。

[脚部]
レッグカール&エクステンション（写真9-6-1、2、写真9-7-1、2）
スタート位置
- トレーニング実施者はうつ伏せの姿勢で脚を伸ばして構える。

写真9-6　レッグカール

- パートナーはトレーニング実施者の横で膝を立てて座り、トレーニング実施者の踵から足首のあたりを手で持って構える。

動き
- トレーニング実施者は膝関節を伸ばした状態から90°くらいまでの屈曲（写真9-6-1、2）と、伸展（写真9-7-1、2）を繰り返す。

抵抗
- パートナーはトレーニング実施者が踵を殿部に近づける動きに対して、踵を押さえ抵抗をかける。膝が90°くらいまで曲がったら負荷重

写真9-7　レッグエクステンション

量を弱め、切り返し時に足の甲を押さえ、床面に近づける動きに対して抵抗をかける。

ヒップアブダクション（写真9-8-1、2、写真9-9-1、2）
スタート位置
- トレーニング実施者は側臥位で両脚を伸ばし揃えて構える。背筋を伸ばし、上側の手はみぞおち前あたりで地面を軽く押すようにし、腹筋を締めることで体幹部を固定する。

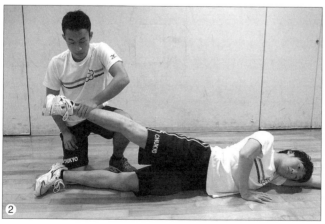

写真9-8　ヒップアブダクション（外転）

- パートナーはトレーニング実施者の横で膝を立てて座り、トレーニング実施者の足首を上から片手で持つ。

動き

- トレーニング実施者は膝関節は曲げずに股関節を外転する。正面から見ると行きの動きは上側の脚と地面との角度が45°くらいまで上げ、帰りはスタート姿勢に戻す。

抵抗

- パートナーはトレーニング実施者が中殿筋で行う動きに対し外踝を押

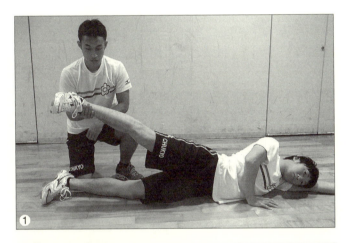

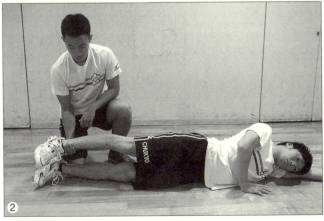

写真9-9　ヒップアダクション（内転）

さえ、下方向に抵抗を加える。膝関節が緩まないようにしっかり伸展するように注意する。45°くらいに達したら抵抗を弱め、元に戻す足の方向に対し内踝を押えて下側から抵抗をかける。

実施上のポイント
負荷重量のかけ方
- 正しいフォームで姿勢をつくることが大切となる。
- 一定のスピードで動作を繰り返すことができる範囲で抵抗をかける。
- 腕力だけでなく、体重をうまく利用して負荷重量をかける。
- 動きの方向を考えて、若干誘導するようにできるとよい。

パートナーのポジショニング
- 各種目の動きの全範囲に対して、適切に負荷重量をかけることができるポジションに構える。
- 身長差によって、負荷重量がかけにくい場合は、台などを利用して行う。
- 安定した姿勢をつくることが最適な刺激を加えることになる。

動作のスピード
- 動作の開始から終わりまでを3秒かけて行う。
- 動作のスピードが一定になるようにコントロールする。

回数・セットおよびインターバル（休息）
- 6～12回（フォームを崩さず、一定のスピードで動作を繰り返すことができることが大前提）。
- 3～5セット。
- 1セットごとに順番に行う（抵抗をかけているときがインターバル）。

声かけ
- パートナーは動作のスピードを調節するために「イチ　ニ　サン」などテンポをつくる声かけをし、動作のスピードをコントロールするようにする。

- パートナーは回数を重ねてトレーニング実施者の筋力発揮が弱まってきたら「もう少し頑張れ」「最後までしっかり」などの激励の声かけをする。
- パートナー、トレーニング実施者ともに、「もっと強く」「このぐらいの抵抗でOK！」などの負荷の強弱に対する声かけをしながら調節するとよい。

実施上の留意点
- 各運動種目の動作における可動性の範囲全体に抵抗をかける。
- 実施者とパートナーは無理な姿勢で行わない。
- できる限り同じような体格の人とペアを組む。
- 不意に負荷重量を強めたり、弱めたりしない。
- 無理をしないで、動きの範囲や抵抗の大きさを調節する。

アイスブレーキング

　初めて出会った人とすぐに交流し、スムーズな活動に入ることは、なかなかできることではありません。スムーズな活動に入るためのきっかけをつくる技術のことをアイスブレーキングといいます。アイスブレーキングの構成要素は8つあります（表9-2）。徒手トレーニングは、この構成要素のいくつかが含まれています。徒手トレーニングを筋力の向上などを目的として行うだけではなく、様々な機会の「導入」に活かしていただけたらと思います。

表9-2　アイスブレーキングの構成要素

①声が自然に出るもの
②同時に声を発することができるもの
③同一動作ができるもの
④相手と一緒にいることが苦にならない程度で、きゅうくつな距離でないもの
⑤過緊張にならないもの
⑥偶然が左右するもの
⑦軽い触れ合いができるもの
⑧対面的位置関係を余儀なくさせるものではなく、カギ型の位置取りとするもの

トレーニングを評価する　その2

理論編：**質的分析の過程と方向転換動作評価のための基礎知識**
実技編：**方向転換動作をトレーニングする（授業事例報告）**

　多くの球技スポーツでは素早い方向転換動作や切り換えし動作が重要であるために、アジリティトレーニング（方向転換動作や切り換えし動作のトレーニング）と呼ばれる体力トレーニングを実施します。そのトレーニングの成果としては、方向転換動作にかかる時間を短くすることです。また、動作時間が延長する原因は動きの質に問題があることが多いため、動きの質の改善を図る観点でのトレーニングが必要であるともいえます。

　そこで、本章では動き質の分析について理解できるように開発した、方向転換動作の学習カードと映像を用いた授業事例を紹介します。

理論編

質的分析の過程と方向転換動作評価のための基礎知識

　スポーツ指導者はそれぞれのフィールドにおいて選手の動きを質的に分析し、改善指導するための理論的根拠を示しているでしょう。そこで、質的分析（図10-1）とはどのようなものかについての説明と方向転換動作を例に示します。

「評価」と「診断」

　「評価」とは動きの長所と短所を見抜くことです。「診断」とは　介入

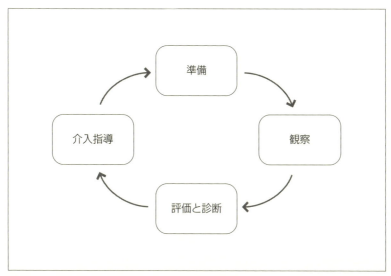

図10-1　質的分析の包括的・統合的なモデル（KnudsonとMorrison 1997を引用）

指導（動作指導）によってさらに改善できる長所、または修正できる短所を見抜くことです。つまり、たとえ動きの長所と短所が見抜けたとしても指導可能な事柄を知っていなければ、効果的とはいえません。効果的なフィードバックを適えるためには正確な「評価と診断」が必要となります。

「評価と診断」を正確に行うための「準備」
　事前に必要な知識を「何を基準として、どのように」収集するのかを決めます。また、「観察」するための具体的な項目を挙げる必要があります。

「局面」に分ける
　運動の質を評価するためには「観察の視点」を設定するとよいでしょう（図10-2）。その作業は、対象となる一連の運動を大きく「準備局面」「主要局面」「終末局面」に分けます。

```
┌─────────────────────────────────────────────────┐
│  「評価」：理想の動きとの比較                    │
│                                                 │
│  ＜運動の局面＞      ＜観察の視点＞             │
│   ・準備              ・動きの安定性            │
│   ・主要      ✕      ・動きの要点              │
│   ・終末               -バイオメカニクスのデータをもとに │
│                        -各局面4つまで            │
│                      ・適正範囲                 │
│                      ・優先順位（動きの目的は何か？）│
│                                                 │
└─────────────────────────────────────────────────┘
```

図10-2　評価時に考慮すべき事柄

方向転換動作の「局面」分け

1) 準備局面は減速動作
2) 主要局面は変換動作（例：前方への運動が後方への運動に切り換わる動作）
3) 終末局面は加速動作

観察のポイント

① 動きの安定性：運動者が連続して誤るポイント（または繰り返し成功するポイント）は何か。
② 動きの要点：運動力学の原則に則る効率的な動きとして適っているか（「準備」の段階での情報収集が大切で4つ程度に絞ることが推奨されています）。
③ 動きの適正範囲：理想的な動きからどの程度のズレまでが許容範囲かを設定。
④ 動きの優先順位：分析する運動の目的や目標をしっかりと把握し、最大限の改善を得るために何が重要かを知ること。

表10-1　方向転換動作の学習カード

5m折り返し走の計測

・1本目タイム（　　　　　　　　　　）　・2本目タイム（　　　　　　　　　　）

局面		要点	1本目評価 (○、△、×)	2本目評価 (○、△、×)
減速	1	体幹軸を後方に傾ける		
変換	2	軸の傾きを鋭く		
	3	荷重は内側の脚で		
	4	外脚は進行方向に対して90°に接地		
加速	5	内脚の脛の傾きを鋭く		
	6	後ろ脚を素早く引き上げる		

実践編

方向転換動作をトレーニングする（授業事例報告）

(1) 対象者

体育・スポーツ系大学でアスレティックトレーナーの専門課程を学ぶ3年生17名（男子8名、女子9名）。

(2) 授業の流れ

①方向転換動作の質的な分析方法について説明する。
②3～5名程度のグループをつくる。
③グループごとにウォーミングアップを行う。
④実施者の動作を正面方向から撮影（ipadを用いた）。なお、試技（5mの折り返し走）は2回ずつ行う。
⑤撮影終了後に学習カードでの確認をグループごとに行う（表10-1）。
⑥コメントカードにこの授業の感想や気づきを記入。

(3) 対象とした方向転換動作について

5mの走行後、進行方向に対して右下肢を垂直に接地、その後進行方向に対して180°の方向に切り返しを行い、スタート地点まで再び走行するものを選ぶ（図10-3）[2]。

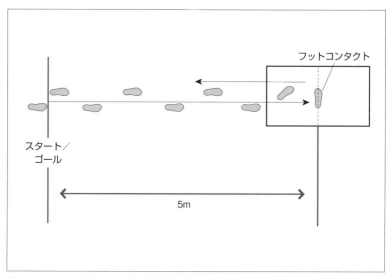

図10-3　5mの折り返し走（方向転換動作）対象者は5m前方に進み180°の切り換えし動作を行う（永野ら2011を引用）

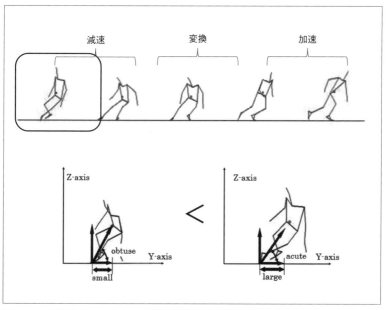

図10-4　減速局面における内脚の接地角度（朽原と鳥居 2007より引用）

(4) 学習カード作成に関する先行研究

朽原優と鳥居俊（2007）は、大学アメリカンフットボール選手を対象に5mの折り返し走を行わせ、そのタイム（量的な指標）と方向転換動作（質的な指標）との関連を検討しました[3]。まず、減速局面における内脚の接地角度が鋭いほど5mの折り返し走が速いこと（図10-4）、また、変換局面における外脚の接地角度が鋭いほど5mの折り返し走が速いこと（図10-5）、さらに、加速局面における内脚の脛と地面角度が鋭いほど5mの折り返し走が速いことがわかりました（図10-6）。

(5) 学習カードの有効性の検討

1試行目と2試行目のタイムは相関関係にあり（図10-7）、つまり、1回目の折り返し走が速い人は、比較的2回目も速いこと（遅い人はそれがいつでも遅いこと）を示唆しています。また、学習カードの質的評価の点数は1試行目と2試行目とで相関関係にあります（図10-8）。つまり、今回用いた学習カードでは、動きの安定性（繰り返しできる動作と

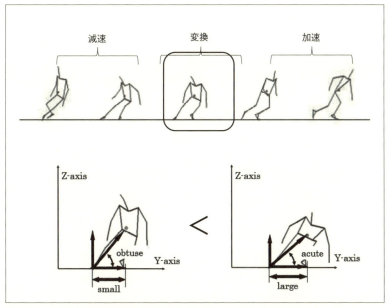

図10-5　変換局面における外脚の接地角度（朽原と鳥居 2007より引用）

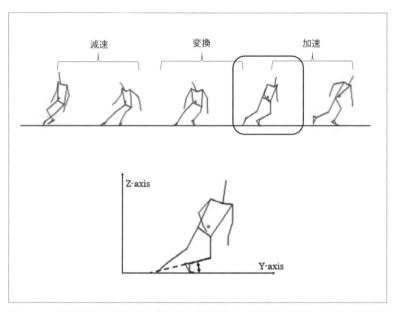

図10-6 加速局面における内脚の脛と地面角度（朽原と鳥居 2007より引用）

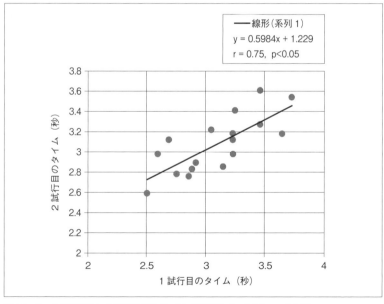

図10-7 1試行目と2試行目のタイムの関係（r=0.75, p<0.05）

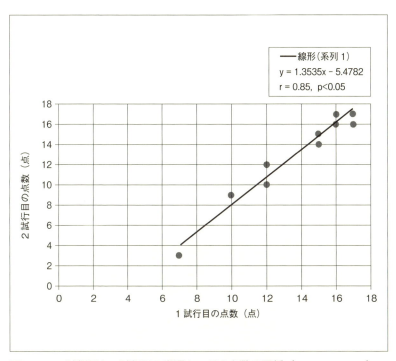

図10-8　1試行目と2試行目の学習カードの点数の関係（r=0.85, p<0.05）

できない動作）を評価できていると考えられます。また、1試行目と2試行目の「動きの要点」の点数を比較しましたが、どの要点とも統計学的に意味のある差はありませんでした（図10-9）。つまり、「変換局面における軸の傾きを鋭く」や「加速局面における後ろ脚を素早く引き上げる」などの要点には2試行間で差があるようにみえますが、実は統計学的には差がないということになります。一方で、5mの折り返し走タイムと学習カードの点数との間には関連性が示されませんでした（図10-10）。折り返し走では直線走と切り返し動作が組み合わされているので、各個人の直線走部分のタイムが異なることを顧慮しなくてはなりません。5mの折り返し走のみならず直線走も測定し、そのタイム差を取るなどして方向転換動作の能力を数値化する工夫が必要であったと考えられます。

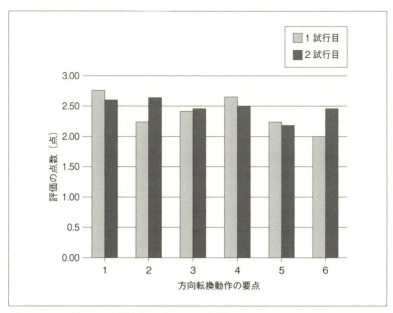

図10-9　1試行目と2試行目の各要点の点数

(6) 学習者の感想
- 自分が動作を行っている感覚と実際の映像には差がみられた。
- 運動の局面を分けることと要点を4つに絞ることの重要性が理解できた。
- 運動の各局面間のつながりも大切であると感じた。
- 動画を使っての動作分析の有効性を感じられた。
- 動作の質的分析を自分が行っているスポーツにも応用したい。
- 各個人の専門スポーツ種目によって地面への力の伝え方に違いがあるように感じた。
- 的確な指導につなげるためにも理想の動きをもっと認識しなければいけない。
  など

(7) 本報告の課題と展望
　課題としては大きく3つあります。1つ目は、5mの折り返し走と方

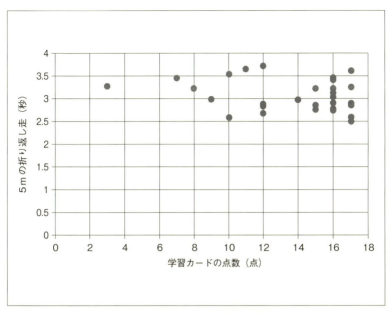

図10-10　5mの折り返し走と学習カードの点数の関係

向転換動作を質的に分析した点数とは単純には関連しないということです。この課題を解決するためには直線走とのタイム差を取るなど工夫が必要です。2つ目は、学習カードによる質的な分析では1試行目と2試行目でほとんど同じような点数であったところにあります。このように繰り返し同じ点数を記録できることを再現性がよいというのですが、再現性を正しく検討するためには1試行目の点数がわからない状態で2試行目を評価できるような工夫が必要でした。3つ目は、この学習カードの動きの要点がそのまま介入指導（動作指導）に利用できるかはまだわからないということです。効果的な動きの指導を行うためには、この学習カードを利用して指導を行った際に、動作が改善されることを証明しなければなりません。

(8) さいごに

　動作を「評価・診断」するには、どのような「準備」をし「観察の視点」をいかに持つかが大切になります。ここでは、我々が動作指導を行

う際の思考過程として「質的分析の包括的・統合的なモデル」と、客観的なデータを踏まえた質的分析の評価シートを用いた授業事例を紹介しました。

[参考文献]

1) Duane V. Knudson, Craig S. Morrison：阿江通良監訳，体育・スポーツ指導のための動きの質的分析入門，有限会社NAP，2007.
2) 永野康治，石井秀幸，井田博史，赤居正美，福林　徹：切り返し動作における体幹前傾指示が膝関節運動に与える影響について，臨床バイオメカニクス　32，421-427，2011.
3) 朽原　優，鳥居　俊：方向転換能力に関与する体力・技術要素の検討，早稲田大学人間科学研究科修士論文，2007.

11

トレーニングをする その2

理論編：**技術・戦術トレーニングをする**
　　　　〜ハンドボール競技を例として〜
実践事例：**ハンドボールにおける防御技術・戦術を高めるためのトレーニング**
実技編：**メディスンボールを使ったトレーニング**

　どんなによい内容や手段を用いたトレーニングでも、求めている結果につながらないこともあります。また、選手や監督、コーチに最高の知識や能力があったとしても勝てないこともあります。最強のオールスター軍団であるアメリカの男子バスケットチームは、2004年のオリンピック（アテネ）では他国に3試合負け、2006年の世界選手権（日本）ではギリシャに惜敗するという予想とは異なる結果でした。しかし、2008年のオリンピック（北京）では、見事に優勝を収めるに至りました。
　そのときの監督が2005年以降の3年間の「時間」を有効に使い、準備したという経緯を記した著書の中で、チームづくりに必要なこととして「時間」「目標」「競争」を挙げ、選手の意志や勝利への渇望などの「想い」が重要であることを述べています。そして、様々な「瞬間」（怒る、喜ぶ、連帯感を感じる）を意図的に計画し、把握、促進、再評価する方法を分かち合うことが、チームの活力源になるとしていました。つまり、知識や能力のある集団であっても勝てない理由には、システムや環境を整えることができないところに要因があるとしながら「勝利するチーム」づくりについて精鋭軍団を率いた興味深い内容が記されています。
　学校でのスポーツクラブ活動においては、競技レベルこそ違いますが、指導者が様々な権限のもとに指導し練習環境をつくっていることと

思います。つまり、指導者側が活動に大きく関わっているならば「想い」を抱かせる体制を構築できれば一定以上の成果が期待でき、課外活動としてのクラブ活動だとしても「勝つ」という可能性を強く意識したチームができるのではないかと考えることができます。これまで、運動方法としての観点から運動学習の手段としてフリーウェイト種目の学習内容など比較的単純なものを紹介してきましたが、動作が「できる」から「わかる」へ、そして「関連づける」という過程の中で取り組む姿勢や「想い」のこもった活動で有機的に活用してもらえたらと思います。今回は、理論編では技術・戦術トレーニングについてと、その実践的トレーニング例を、実技編ではメディスンボールを使った種目を紹介します。

理論編

技術・戦術トレーニングをする
～ハンドボール競技を例として～

スポーツにおける技術・戦術トレーニング

　選手を指導する立場にある人は、誰でも「選手を上手にしたい」と思うものです。そのためには、選手のレベルやチームの状況に目線を置きながら、必要な技術や戦術的な能力を向上させるための具体的なトレーニング手段や内容を創案する作業が必要といえます。時間のかかる作業を実践できず、トレーニングの場面で具体策を講じられない悩みを抱える指導者も多いと思います。その際に指導者自身が自問する内容は選手自身の「どんな能力を伸ばすのか」「どうやって伸ばすか」「何をすべきか」ということではないでしょうか。
　ここでは、スポーツにおける技術と戦術的側面について取り上げ、トレーニングへの応用としてハンドボールを例に紹介します。

「戦術」について

　戦術（tactics）という言葉の語源は、ギリシャ語で「配置や手筈、編成の術」といった意味を持つtaktikaとされています。また、戦略

(strategy) という言葉もギリシャ語のstrategosが語源とされています。戦術や戦略はもともと軍事用語として使用され、元ベルリン士官学校のカール・クラウゼビッツにより初めて以下のように区別して定義されました。

戦略：ある目的を達成するために、いつ、どこで、どんな戦闘を行い、その結果をいかに利用するかということを定め、その目的に沿うように軍隊の配置・移動・補給などを統制すること。
戦術：戦場で軍隊や兵器を使っていかに戦うかということ。

つまり、戦略とは戦争を遂行するためのプランであり、戦術とは戦場における戦い方を表していました。1960年頃からスポーツに関する戦術の研究が進められ、現在では様々な競技において競技力向上のために戦術という概念が用いられています。

スポーツパフォーマンスにおける技術と戦術について

スポーツのパフォーマンスは、図11-1に示すように、様々な要素から構成されています。

1) スポーツにおける技術

各々の種目で用いられる理想的運動モデルを遂行できる能力、もしくは理想的運動モデルの遂行を可能にしている基礎的運動能力を組み合わせる能力。精度の高い動き。

2) スポーツにおける戦術

相手の行動や状況、環境に合わせて自分の行動や技を発揮できる能力。最終目標や狙いを達成するために優位をつくれる行動や能力、作戦。実際のパフォーマンスでの戦術は、様々な能力が必要であり、その組み合わせと前提条件の複合体として表現されるため、技術との関係性は緊密であるといえます。

3) スポーツにおける作戦

試合において、ある時間帯を戦うためにチーム全体の連携を図る基本的な考え方を指します。効果的な作戦を実行するためには、自チームや

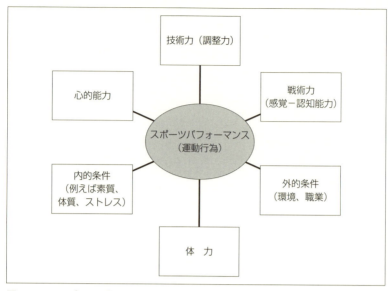

図11-1　スポーツパフォーマンスの構成要素

相手チームの長所・短所を分析すること、相手チームの現状を考慮することが必要になります。

技術トレーニングの効果を上げるために
　技術トレーニングは、運動の習熟の段階に応じて以下の3つに分けることができます。

初級：基礎となる運動経験の収集と獲得を通して、目指す運動技術の基本経過の習得が行われる段階。
中級：無駄な動きや過剰な筋緊張が除去される段階。
上級：さらに技術の自動化と安定化が図られ、習得した技術を多様に変化する条件下でも使いこなすことが目指される段階。

　スポーツにおける技術を身につける場合には、課題の初めから終わりまでをひとまとまりとして、繰り返し練習する全習法と、課題をいくつかの部分に区切って少しずつ練習する分習法があります。一般的にサッ

カーやバスケットボールのシュートなどを課題とする場合、全習法は選手が楽しく練習することができるため、動機づけが高くなり習熟が進みます。しかし、全習法によって効果を上げるためには多くの運動経験と選手の高い認知能力が必要です。そのため、水泳の平泳ぎのような複雑な課題の場合、運動の習熟が進んでいない選手には分習法が適しているとされています。またこの方法は、技術の改善が目指される場合にもよく用いられます。これらのことから、課題の性質や選手の運動の習熟段階などに合わせて、この2つの方法を組み合わせて練習することが、トレーニングの効果を高めると考えられています。

　もちろん選手がある技術を身につけていくためには、技術トレーニングの反復が必要になります。しかし、やみくもに技術トレーニングを反復しても、その効果は低いものとなってしまいます。そこで、コーチが選手の技術の習熟状況を評価し、技術の修正をすることが必要になります。修正するべき箇所を言葉によって意識させる方法や、ビデオ・写真など視覚情報を利用した方法などがあります。選手が行った運動について、即座によかった点や改善点を的確に伝えることができれば、トレーニングの効果はさらに高まるでしょう。

戦術行動の構造とトレーニングへの応用について

　選手の戦術行動に至るまでには3つの段階を経ることになります。

第1段階：試合状況の知覚と分析。
第2段階：思考上での解決。
第3段階：戦術課題の運動による解決。

　第1、2段階は、運動を伴わずに経過する段階であり、頭の中で戦術行動を決定する段階といえます。第3段階は、先行する2段階の結果が、パフォーマンスとして現れる段階です。

　試合場面において、選手が最適な戦術行動を決定して実行できるかは、技術のレパートリーの豊富さと、その技術レベルの高さに大きく影響を受けます。そのため指導者や監督・コーチは、選手がいかなる試合状況においても、最適な戦術行動の決定と実行ができるように、以下の

ような技術・戦術トレーニングを踏まえたトレーニングを創造し、選手に提示する必要があります。

①技術の習得や改善を目的としたトレーニング。
②身につけた技術を状況に応じて実行する戦術トレーニング。

また、選手の技術レベルや戦術行動の癖、上達具合などに応じて、異なる方法の準備も想定しておく必要があります。

実践事例

ハンドボールにおける防御技術・戦術を高めるためのトレーニング

図11-2は、ハンドボールにおける技術構造モデルで「攻撃の技術」と「防御の技術」の2つに分かれています。「防御の技術」はさらに3つの運動から構成され、それぞれの細かい技術がその下に示されています。今回は「防御の技術」において特に重要とされる4つの技術を取り上げ、その技術練習の方法を紹介します。

同じ技術練習をやっていても、実施者の認識の程度ごとに段階があります。

1) 運動の習得／できるようになる→2) 戦術との融合／動きがわかる→3) 改善／練習・改善方法の認識→1) へという段階のサイクルです。

練習時にはそれぞれが独立して存在するわけではありませんが、習得や上達の程度に応じスムーズにスパイラルアップさせ、同じ内容なら精度を高めるという課題を設け、実践で活用できるように築いていく必要があります。

防御の技術において優先順位の高い4つの技術
①サイドステップ：攻撃プレーヤーの横への動きについていくための技

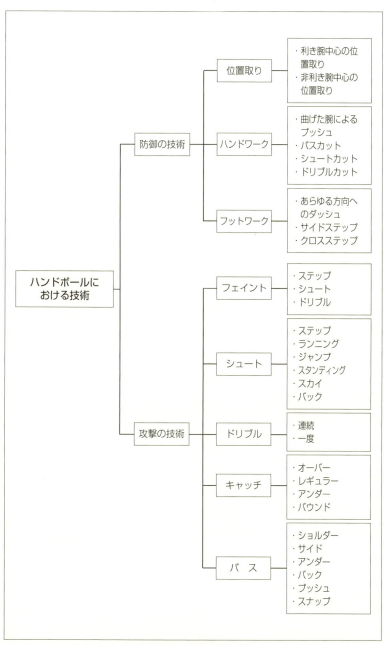

図11-2　ハンドボールにおける技術構造モデル

術。短い距離、遅いスピードで動くのに適している。
②クロスステップ：攻撃プレーヤーの横への動きについていくための技術。長い距離、速いスピードで動くのに適している。
③曲げた腕によるプッシュ：攻撃プレーヤーの前進する勢いを弱めるための技術。
④利き腕中心の位置取り：攻撃プレーヤーの利き腕の前に構える技術。

[実践練習例]
ジグザグディフェンス1（図11-3）
練習の狙い
- 攻撃プレーヤーに対して、利き腕中心の位置取りを保持する（胸の前でボールを保持し、攻撃プレーヤーの利き腕の位置を確認するマーカーに使う）。
- サイドステップで動いているときの安定した姿勢を身につける。
- 攻撃プレーヤーの動きの勢いを弱めるための、曲げた腕の使い方を身

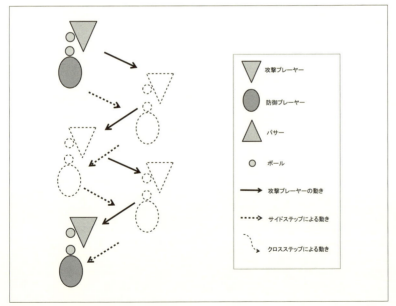

図11-3　ジグザグディフェンス1

につける方法。

方法
- 攻撃プレーヤーは、防御プレーヤーがサイドステップでついていける一定のスピードでジグザグ走をする。
- 防御プレーヤーは、攻撃プレーヤーの利き腕中心の位置取りを保持しながら、攻撃プレーヤーの動きに合わせてサイドステップを使ってついていく。

ジグザグディフェンス2（図11-4）
練習の狙い
- 攻撃プレーヤーに対して、利き腕中心の位置取りを保持する（胸の前でボールを保持し、攻撃プレーヤーの利き腕の位置を確認するマーカーに使う）。
- サイドステップやクロスステップで動いているときの安定した姿勢を身につける。

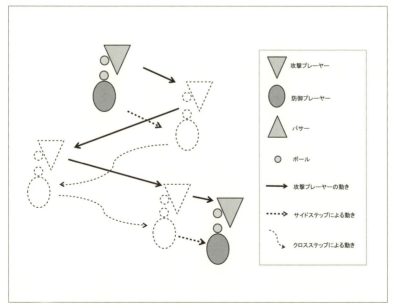

図11-4　ジグザグディフェンス2

- 攻撃プレーヤーの遅い動きと速い動きに対して、サイドステップとクロスステップを使い分ける戦術行動の決定と、実行する能力を身につける。
- 攻撃プレーヤーの動きの勢いを弱めるための、曲げた腕の使い方を身につける。

方法
- 攻撃プレーヤーは、スピードや移動距離を変化させながらジグザグ走をする。
- 防御プレーヤーは、攻撃プレーヤーの利き腕中心の位置取りを保持し、攻撃プレーヤーの動きに合わせてサイドステップとクロスステップを使い分けてついていく。

ボール保持1対1（図11-5）
練習の狙い
- 攻撃プレーヤーに対して、利き腕中心の位置取りを保持する（胸の前でボールを保持し、攻撃プレーヤーの利き腕の位置を確認するマーカ

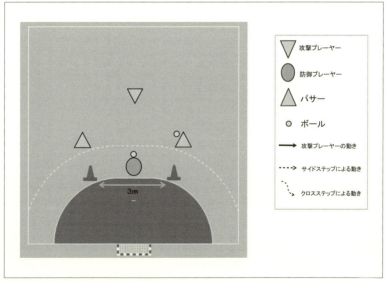

図11-5　ボール保持1対1

ーに使う）。
- 前方向へのダッシュやサイドステップ、クロスステップでの安定した姿勢を身につける。
- 攻撃プレーヤーの1対1の突破に対し、それを阻止するために、ダッシュやサイドステップ、クロスステップを使い分ける戦術行動の決定と、実行する能力を身につける。
- 攻撃プレーヤーの動きの勢いを弱めるための、曲げた腕の使い方を身につける。

方法
- 攻撃プレーヤーは、フェイントなどの技術を使って、防御プレーヤーとの1対1を突破する。
- 防御プレーヤーは、攻撃プレーヤーの利き腕中心の位置取りを保持しながら、攻撃プレーヤーの動きに合わせて、前方向へのダッシュやサイドステップ、クロスステップを使い分けて、1対1の突破を阻止する。

実技編

メディスンボールを使ったトレーニング

　今回は、ボールを使った運動方法を紹介します。これまで、機能的体力としての観点からパワークリーン動作習得の段階的学習内容などを紹介してきました。その内容と関連した身体の使い方の意識として股関節、体幹部（腹筋群、背筋群）、腰背部（肩甲骨、器具との接点）、下肢3関節の活用があります。そのため、意識するべきことと客観的に見る際に大切なポイントは上記が中心となります。

　下肢や体幹部でエネルギーを発生させボールへ伝えることを基礎に、姿勢を安定させながら伝えるという応用が大きな目的の種目を紹介します。ボールの重さは2〜5kgを用いて行っています。同じ動きであっても、重量を軽くすれば筋収縮速度が高まり俊敏性やキレのあるスピードを速める効果が期待でき、重くすれば筋パワー発揮を促すことができます。

写真11-1-1、2は「バック投げ（4kg）」です。スタート姿勢はスクワットやデッドリフトの屈曲位と共通した意識で構えます（写真11-1-1）。リリース時のタイミングは、股関節の伸展（トリプルエクステンション）、特に股関節のダイナミックな伸展と両手ができるだけ高い位置にあることです（写真11-1-2）。ほぼ同時がよいので、タイミングを意識して、下肢からのエネルギーが伝わるようにしましょう。下肢で発揮した力をボールに伝えるため、下肢筋群の力が大きく発揮されると同時に全身を連動させる必要があり、コントロールテストの種目としても多く用いられています。ウェイトトレーニングよりパフォーマンスにおける身体の使い方に若干近づいた種目です。そのため、ウェイトトレーニングの前後やウォーミングアップとして実施すると効果的です（陸上競技選手の全日本インカレ出場レベルは17m以上、同入賞レベルは18m以上を目安に本校では取り組んでいます。重さ4kgの場合）。

　写真11-2-1、2は「振り落とし」です。スタート姿勢はボールを両手で振り上げ、肘と背筋を伸ばした片足立ちです（写真11-2-1）。体幹部を大きく使い、地面に亀裂を入れる気持ちで投げ落とします（写真10-2-2）。スタート姿勢では、足から指先までが一本の弓形に若干反る

写真11-1

写真11-2

感じで行えると、体幹部の横側を含めた体幹部のトレーニングとして有効です。腕や手投げにならないように注意しましょう。

　写真11-3-1、2、3は「サイドスロー」です。投球者は横側2〜3mのところへ立ちます。スタート姿勢での両膝の角度は90°が目安です（写真11-3-1）。後ろ脚がきゅうくつな感じがしますが、骨盤の角度を安定させ殿部の筋を収縮させるために行います。背筋は真っ直ぐ地面と垂直に保ち、前脚でしっかりとバランスをとり、ねじられた体幹部を腹筋で元に戻すような動きで（写真11-3-2）、勢いよく投げ返します（写真11-3-3）。下肢筋群でバランスを安定させることで、より体幹部が有効に連動してボールにエネルギーを伝えることができます。体幹部だけでなく、下肢筋群の安定と上肢の連動を促すトレーニングとして有効です。

　写真11-4は「オーバーヘッドスロー」です。スタート姿勢は写真11-3-1同様で両手が耳横にあります。投球者は前方3〜4mのところへ立ちます。投げられたボールを受け取る際は、体幹部の筋群を収縮し、固定させることを意識するので、若干エキセントリックな筋収縮が起こる感じがあるとよいです。その際、できるだけ肘を伸ばして受け取れるとより効果的です。下肢の筋群は、殿部を中心に収縮して姿勢を安定させ

写真11-3

写真11-4

るように意識します。投げ返すときは、伸展した肩関節と腹筋からのエネルギーをボールへ伝えるように意識して投げ返します。肘投げや背筋のぐらつきがないように安定した姿勢をしっかりと意識することが大切となります。体幹だけでなく下肢筋群と上肢の連動を促すトレーニングとして有効です。

写真11-5

　写真11-5-1、2は「砲丸投げ」です。細かい動きは陸上競技の砲丸投げに則ることになりますが、ここでは単純に下肢からのエネルギー伝達と投げる方向を意識して行います。構え姿勢は投げ方向に対し横向きで、下肢3関節を屈曲させます。手のひらで押し出す程度にボールを支え、もう片方の手もボールのバランスをとるように添えます（写真11-5-1）。上腕は、ボールと垂直になるように、脇を開き、肘位置を定めます。地面を足裏で押すことで身体重心を前方に運び、そのエネルギーをボールへ伝えます。ボールの突き出す方向は水平方向よりやや高めに定めて突き出します（写真11-5-2）。できるようになったら、体幹部の回旋を使い、投射角を高めていくとよいでしょう。しっかり突き出せると結果的に、後ろで押した脚は反対側の脚より前側にきますが、できない場合は、意識的に放り出して着地すると連動してきます。反対側はやりにくいですが左右両方やりましょう。

まとめ

　機能的体力にある運動能力は、すべての競技に必要な土台を形成しま

す。そして、体力から技術へ繋げパフォーマンスを築き上げることになります。また、トップレベルにある選手は、逆に必要な土台部分を自身の必要性に応じた方法を模索し選択することも多いと思います。日常の様々な動きにおいても、機能的に使う意識を働かせることで有機的なトレーニング方法になるのではないでしょうか。しかし、意識するのは第一歩であって最良の結果がついてくるということではないでしょう。手段や方法がどんなによくても最終的には「どうしたいのか」「どうなりたいのか」という「想い」の量がトレーニングの強度や質を決定する要因であるように思います。やる側の人もやらせる側の人も写真や説明では確認できなかった「想い」を抱き、様々な場面での成果につなげてもらえたらと思います。

[参考文献]

1) グロッサー・ノイマイヤー：朝岡正雄，佐野淳，渡辺良夫訳（1995），選手とコーチのためのスポーツ技術のトレーニング，大修館書店，東京．
2) ボンパ：尾縣貢，青山清英監訳（2006），競技力向上のトレーニング戦略，大修館書店，東京．
3) ケルン：朝岡正雄，水上　一，中川昭監訳（1998），スポーツの戦術入門，大修館書店，東京．

12

トレーニングをする その3

理論編：有酸素性トレーニングの基礎知識
実践編：心拍数を取り上げた学習資料の提案

　有酸素性トレーニングとは、全身持久力といわれる体力要素を向上させるためのトレーニングです。一般的には長距離走や遠泳など長い距離や時間をかけて運動することを指します。スポーツ科学の分野では、最大酸素摂取量（$\dot{V}O_2max$）や乳酸などの運動生理学的指標を利用して、有酸素性トレーニングをより効率的に行うことが考えられています。しかし、そのようなスポーツ科学の基礎事項を実際の体育・スポーツ指導に応用することに苦心する場合が多いのも実情です。そこで、体育系C大学で行われている講義の一部を紹介し、スポーツ科学の基礎知識と実際の運動指導とを繋げる授業で扱った学習資料を提案します。

「スポーツコンディショニング論」の授業

対象者
　大学3年生であり、卒業後は体育・スポーツ指導者（保健体育科教師、コーチ、アスレティックトレーナーなど）を目指す学生です。

授業の目標
①コンディショニングの目的、要素を理解する。
②競技スポーツ活動に必要な体力要素を理解する。
③体力要素の評価法を知り、それらの評価ができる。
④トレーニング計画を立案することができる。

「有酸素性トレーニング」を取り上げた授業の目標（9・10時間目）
①呼吸循環系について基礎事項を理解すること。

②エネルギー供給系について基礎事項を理解すること。
③有酸素性トレーニングのプログラムを立案できるようになること。

理論編
有酸素性トレーニングの基礎知識

(1) 身体の各器官とその役割[1)2)]

　有酸素性トレーニングにより、呼吸系（肺）、循環系（心臓・血管）、筋骨格系（筋肉）に生理学的適応が生じ、有酸素的持久力が向上するとされています。各器官に起こる適応について図12-1にまとめてあります。その他にも、呼吸系や循環器系の適応や機能向上が起こると酸素を多く体内に取り入れ筋肉に運ぶ能力が向上します。筋肉内に蓄積した疲

呼吸系

・肺でのガス交換↑
・肺での血流↑
・最大下運動時の呼吸数↓
・最大下運動時の肺換気量↓

循環系

・心拍出量↑
・血液量↑、赤血球数↑、ヘモグロビン量↑
・骨格筋への血流↑
・最大下運動時のHR↓
・体温調節機能↑

骨格筋系
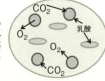
・ミトコンドリア数↑
・酸化系酵素活性↑
・毛細血管数↑
・ミオグロビン量↑
・動静脈酸素較差↑

図12-1　有酸素性トレーニングによる生理学的適応（文献1、2、4を参考に作成）

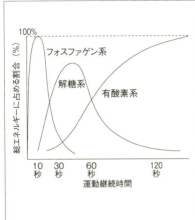

図12-2　ATPを再合成するための３つのエネルギー供給系（文献１を参照）

労物質が素早く除去されるようになります。

(2) 運動様式とエネルギー供給系[1]

　人間の筋肉を動かすことができる唯一のエネルギー源は、筋細胞内にあるアデノシン三リン酸（ATP）です。ATPの体内での貯蔵量は極めて少なく、全力運動を行った場合わずか数秒で枯渇してしまうとされています。したがって、ATPを再合成する必要がありますが、それには３つの経路があります（図12-2）。ATP再合成の1つ目は、ATP-PCr系（またはフォスファゲン系）と呼ばれる経路です。筋肉の中にあるクレアチンリン酸（PCr）がクレアチンとリン酸に分解されるときに生じるエネルギーを利用してATPの再合成を行います。このクレアチンリン酸の貯蔵量にも限界があり、8秒程度しか再合成の持続時間がないとされています。ATP再合成の２つ目は、解糖系と呼ばれる経路です。糖（グルコース）が乳酸にまで分解される過程において生じるエネルギーをATPの再合成に利用します。再合成の持続時間は30～120秒程度とされます。ATP-PCr系と解糖系は代謝過程において酸素を必要としないため無酸素性エネルギー代謝としてまとめられます。ATP再合成の３つ目は、有酸素系と呼ばれる経路です。糖や脂質が最終的に水と二酸化

炭素に分解される過程で生じるエネルギーを利用してATPの再合成を行います。この代謝経路では、酸素の供給と燃料（糖や脂質）が十分あれば、ATPの再合成を半永久的に継続することができるとされます。なお、有酸素系は代謝過程において酸素を必要とするため有酸素性エネルギー代謝とも呼ばれます。有酸素性トレーニングの処方には、これらのどのエネルギー供給系に対して負荷をかけるかを考える必要があります。

(3) 有酸素性トレーニングの目的と種類

　有酸素的持久力を決定する生理学的要因は、最大酸素摂取量（$\dot{V}O_2max$）、乳酸性作業閾値、運動効率、エネルギー供給、筋線維特性であるとされており、これらの要因を高めることが即ち有酸素性トレーニングです。ここでは有酸素性トレーニングの目的を「酸素を多く体内に取り入れ、疲労を回復させる能力を高めること」とし、この目的を達成するためのトレーニングの種類を紹介します。

①LSD（Long Slow Distance）：長い距離をゆっくりとしたペースで走る持続走
- 運動強度：50〜70% $\dot{V}O_2max$
- 目標心拍数（HR）：110〜130拍/分
- 目安時間：30分〜2時間
- 頻度：週1〜2回
- 循環機能↑、体温調節機能↑、骨格筋酸化能力↑、ミトコンドリアエネルギー生産能力↑、乳酸酸化能力↑、貯蔵脂肪の利用↑

②ペーストレーニング：LSDよりも速いスピードで走り続ける持久走
- 運動強度：70〜80% $\dot{V}O_2max$
- 目標HR：150拍/分以上
- 目安時間：20〜30分
- 頻度：週1〜2回
- 乳酸酸化能力↑、ランニング効率↑

③インターバルトレーニング：速いスピードの急走期とジョグの休息期を繰り返す

- 低強度インターバルから高強度インターバルまで様々な強度設定が可能
- 運動強度：70〜90% $\dot{V}O_2max$
- 目標HR：160〜190拍/分
- 目安時間：2〜5分
- 運動休息比：1：0.5〜1：3（たとえば2分の急走期を行ったら1〜6分の休息期を取ること）
- 頻度：週1〜2回
- $\dot{V}O_2max$↑、乳酸酸化能力↑

④レペティショントレーニング：最大酸素摂取量以上の強度で30〜90秒持続する運動
- 運動強度：≧100% $\dot{V}O_2max$
- 目標HR：200拍/分以上
- 目安時間：30〜90秒
- 運動休息比：1：3〜1：5
- 週1
- 乳酸耐性↑

⑤ファルトレクトレーニング：野外の自然環境の地形を利用して行うトレーニング
- 低強度から高強度まで様々な強度設定
- 運動強度：50%〜90% $\dot{V}O_2max$
- 目標HR：120〜190拍/分
- 目安時間：30分
- 頻度：週1
- $\dot{V}O_2max$↑、乳酸酸化能力↑、ランニング効率↑

（4）有酸素性トレーニングの運動強度の決定方法

　運動強度の決定には様々な指標を利用することができますが、スポーツの現場で用いられるのは、速度、時間、心拍数、主観的運動強度などです。
　心拍数を用いた運動強度の決定方法である％HRR法（カルボーネン法）の算出式を示します（図12-3）。

```
推定最大心拍数 = 220 − 年齢

予備心拍数(HRR) = 推定最大心拍数 − 安静時心拍数

目標心拍数(HRR) = (HRR × 運動強度) + 安静時心拍数
```

図12-3 %HRR法（カルボーネン法）を用いた推定最大心拍数の計算式（文献1を参照）

主観的運動強度	
度合い	RPE
限界、最大努力	20
非常にきつい	19
	18
かなりきつい	17
	16
きつい	15
	14
ややきつ	13
	12
楽	11
	10
かなり楽	9
	8
非常に楽	7
	6

図12-4 主観的運動強度（RPE）（文献1を参照）

例：競技選手、年齢20歳、安静時心拍数60拍/分、運動強度75% →目標心拍数165拍/分

　主観的な運動のきつさを指標とした主観的運動強度（RPE）は、6〜20の15段階で表されます（図12-4）。その数字を10倍すると、運動時の心拍数に相当するといわれています。

表12-1 持久力トレーニングの強度設定と代表的種目(文献3を参考に作成)

主要エネルギー供給系	カテゴリー	主目的	%V̇O₂max	%HRR	目標心拍数	主観的運動強度 度合い	主観的運動強度 RPE	代表的種目	運動時間	休憩時間(W:R比)	セット数
ATP-PCr系	スプリントTR	スピード↑						スピードインターバル	2-20秒	1:5~10	2~20
乳酸系・ATP-PCr系	耐乳酸系	乳酸耐性						レペティション	20-40秒	1:3~5	2~10
乳酸系・酸化系	耐乳酸系	乳酸耐性	1	90以上	200	限界、最大努力	20	レペティション	30-90秒	1:3程度	2~10
	高強度有酸素	V̇O₂max↑	0.9	80	190-180	非常にきつい	19-18	高強度インターバル	2分程度	1:2~3	5~10
		LTレベル↑	0.83	75	170-160	かなりきつい	17-16				
	低強度有酸素	LTレベル↑	0.75	70				低強度インターバル	4分程度	1:1~0.5	3~10
酸化系	低強度有酸素	LTレベル↑	0.7	60	150-140	きつい	15-14	ペース走	20-30分		1
		筋の代謝↑	0.6	50	130-120	ややきつい	13-12	ファルトレク	30分以上		1
	リカバリー	毛細血管密度↑	0.5	30	110-100	楽	11-10	LSD	30分以上		1
			0.4	0	90-80	かなり楽	9-8				
	積極的休養		0.3	—	70-60	非常に楽	7-6	起床時			

実践編

心拍数を取り上げた学習資料の提案

　基礎知識編で紹介した、運動のエネルギー供給系、有酸素性トレーニングの目的、運動強度、および具体的種目を一枚の表にまとめてあります（表12-1）。この表は様々な運動指導の場面で活用できます。競技力向上の場面で適用する場合には、改善したいエネルギー供給系にはどのような有酸素性トレーニング種目を選択すべきか一目で判断できます。体育の授業では、心拍数の計測から相対的な運動強度やエネルギー供給系について考察する際に利用できます。有酸素性トレーニングに関する様々な事項を表1枚にまとめたことにより、スポーツ科学の基礎知識と体育・スポーツ指導とを繋ぐ有用なツールとなったと考えます。

[参考文献]

1）日本ストレングス＆コンディショニング協会編：ストレングス＆コンディショニングⅠ理論編，株式会社大修館書店，2003.
2）広瀬統一，フィジカルトレーニング「持久力トレーニング」について①，サッカークリニック，ベース・ボールマガジン社，29-31，2005.
3）広瀬統一，[なでしこジャパンにおけるコンディショニング] 第3回なでしこジャパンにおける短期的コンディショニング，JATI EXPRESS，Vol27，17-18，2012.
4）商用フリーのイラスト素材ビジソザ，bsoza.com.

13

トレーニングをする　その4

理論編：**自重負荷法のトレーニングについて**
　　理論編：**FMSの活用**
　　実技編：**ストレッチングの指導案**

　全体のテーマは、器具を用いない運動・動作です。近年注目されているFMSとその活用に関しては、中京大学スポーツ科学部でAT関連の授業やトップアスリートサポートを実践している倉持梨恵子氏に紹介していただきます。そして、後半は体育、スポーツ場面では必須であるストレッチングについてと自重負荷法の種目に関して取り上げてみます。

パフォーマンス向上に向けたトレーニングの要素とその関係
　パフォーマンスを高めるトレーニング要素の土台には、体力的側面があります。これは、すべてのスポーツに共通しているといえます。そして、その上には、技術的側面があり、戦術的側面、メンタル的と積み重なり、それぞれは密接な関係性を持ちながら成り立っています。それぞれの要素の割合や重要性は種目ごとに様々にあるといえますが、パフォーマンスを高めるためのトレーニングや最良の結果を生み出す状態を獲得するには、広義な意味での体力的側面の準備から始める必要があります。技術的な準備においては、理想的運動モデルの習得を目指すとともに正確さや精度を上げ、運動効率を高めることが必要となります。そして、対戦相手や状況に応じる能力を養うことが戦術的な準備では必要になります。個人競技であっても予選・準決勝・決勝と能力をどのように発揮していくか、試合の運び方や環境に応じて能力の組み合わせを対応させ、最良の結果に導く術を講じることが戦術的側面の内容と考えることができます。メンタル的側面のトレーニングは、心理学的な手法があ

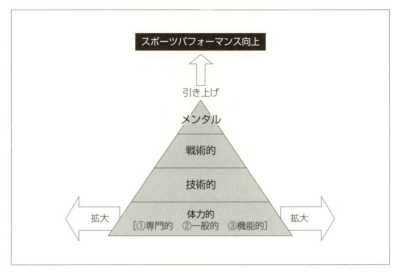

図13-1　スポーツトレーニング要素のピラミッド

るものを指し、自律訓練法、筋弛緩法、イメージトレーニング、メンタルリハーサル、セルフトーク、呼吸法などが挙げられます。パフォーマンスを発展・向上させるには、どれかだけではなく土台が体力的要素となるピラミッド型の構造（図13-1）を踏まえ、体力的側面の拡大と積み重なる要素引き上げのために様々な作業を行う必要があるといえます。

理論編

自重負荷法のトレーニングについて

自重負荷法のレジスタンス運動のトレーニングにおける位置づけ

　体力的側面の要素は、3つに分類して考えることができます。1つ目に「専門的体力」があります。これは、競技種目の特異的部分にある筋活動を指します。2つ目は「一般的体力」です。これは、スピード、アジリティ、クイックネス、柔軟性、疾走速度、筋力、投、跳、持久力などの基礎的運動種目や、体力テストの項目、レジスタンス運動種目が該

当します。3つ目は「機能的体力」です。この場合の「機能」とは、筋活動の意識や活性、協調性を意味します。つまり、同じ動作でも、活動するべき筋を有効に活性させ、関節の連動を促すための運動種目などが該当します。その共通した狙いには、筋の協調性、運動効率の向上があるため、体幹部（肩甲骨、腹筋群、殿筋群）の安定（固定）と活性（可動性）を高める運動や、レジスタンス運動においても自重負荷法や軽重量物を用いた動作で運動の学習を狙いとした内容などは、該当する種目として考えることができます。それぞれの位置づけを明確にしてトレーニング内容や配列を考えることが重要であり、曖昧にすることなく取り組むことでパフォーマンスを高めたり、ケガをしない状態をつくり出すことになり、よい状態を形成・維持することに繋がるといえます。

自重負荷法のレジスタンス運動と運動強度

運動の強さ（強度）を示す単位は様々にあります。レジスタンス運動では回数やセット数、重量（kg）、相対値（％）が用いられています。また、アメリカスポーツ医学会（以下ACSM）の提唱するMETs（metabolic equivalents、以下メッツ）が健康づくりの運動の強さを示す共通した単位としてあります（ACSM 1998）。しかし、多くのテキストにおいて、自重負荷法の種目の実施内容は10回×3～5セットと回数とセットで示されることがほとんどです。そのため、様々な運動や生活など個別の活動をメッツで示した報告と比較することは難しいといえます（3メッツの運動「ウェイトリフティング：フリーウェイトまたはマシン、楽なまたはややきつい労力、軽い練習、コンディショニングエクササイズに属す運動」）。

つまり、自重負荷法を含む機能的体力種目は、位置づけが曖昧なままに実施されていることも少なくないと思われます。体力的側面や他の要素との関係を示すピラミッド構造を1つの指標に、トレーニング配列において工夫することができれば、学校体育におけるパフォーマンス向上のためのトレーニング種目の1つとして有機的かつ充実した内容となります。

自重負荷法でのレジスタンス運動における運動強度（METs）

　表13-1は、自重負荷法の運動種目における運動強度をメッツで表したものです。測定方法は、呼気ガスが携帯型呼気ガス分析装置（METAMAX3B, CORTEX, Germany）、心拍数が胸部に装着した心拍ベルト（POLAR, Kempele, Finland）を用いて測定しました。

　被験者は運動を継続的に実施している男性17人を対象としたデータです。運動種目と順番は、スクワット＝SQ（写真13-1-1、2）→プッシュアップ＝PU（写真13-2-1、2）→クランチ＝CR（写真13-3-1、2）→フォーワードランジ＝FL（写真13-4-1、2）→バードドッグ＝BD（写真13-5-1、2）でした。

　実施回数は、各セットを10回とし運動終了後30秒間の休息を挟み5セット実施しました。種目間の休息は10分取りました（著者の研究チームが測定）。

　厚生労働省の『エクササイズガイド2006』に報告される低強度と中強度の運動の強さのボーダーが3メッツとあります。そのため、運動種目としては軽運動から中程度に当たる運動であることがわかります。しかし、5セット終了時には下肢種目と上肢種目では2メッツ程度の差や、下肢2種目の間では3セットと5セットでそれぞれ有意な差（$p<0.05$）が確認され、メッツ表と比較する場合には、部位別の種目ごとに行う必要がありますが、サーキットトレーニングのように全種目を行うなど工夫することで、メッツに実施時間を掛けた単位である「エクササイズ（Ex）」を採用することは可能といえます。

　トレーニングとしての運動の強さとしては低いものの筋の機能や体幹

表13-1　各種運動におけるセットごとの運動強度（METs）

		SQ	PU	CR	FL	BD
メッツ	1 set	2.5	2.6	2.9	3.2	2.8
標準偏差		0.5	0.7	0.6	0.9	0.5
メッツ	3 set	3.8	3.2	3.3	5.0	4.3
標準偏差		0.5	0.6	0.6	0.7	0.6
メッツ	5 set	4.1	3.4	3.4	5.5	4.6
標準偏差		0.5	0.6	0.6	0.8	0.9

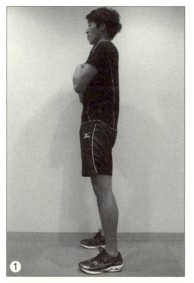 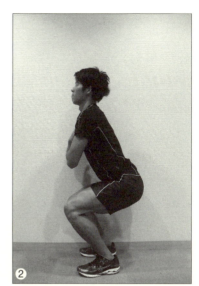

写真13-1

写真13-2

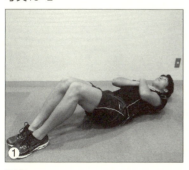 

写真13-3

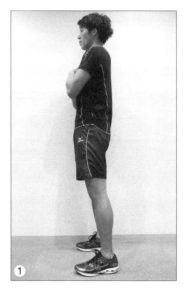

写真13-4

写真13-5

部との連動を高めるために行う場合には、動作に集中する努力度が強度として考えられるため、筋の協調性や体幹部の筋群の活用を意識することが重要であるといえます。

理論編
FMSの活用

Functional Movement Screenの概要

2010年に出版された『Movement』においてGray Cookが提唱した、Functional Movement Screen：ファンクショナル・ムーブメント・スクリーン（以下FMS）とは、個々の動きの質を評価できるスクリーニングツールであり、基本動作パターンを評価する7つのテストから成り立っているものです[1]。

Gray Cookはパフォーマンス向上に必要な要素をパフォーマンスピラミッドとして模式化し、Functional Movement：基本的な身体の動き、Functional Performance：スポーツの基本動作、Functional Skill：競技特有の基本技術の3つの要素のうち、土台となるFunctional Movementの改善がパフォーマンス全体の向上、あるいはスポーツ障害の予防に重要であるとしています（図13-2）[1)2)]。

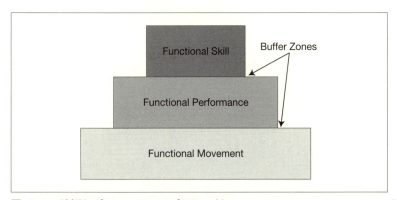

図13-2　適切なパフォーマンスピラミッド
（Gray Cook, Athletic Body in Balance. Human Kinetics, 2003[2]より改変）

表13-2 各関節の優先動作

関節	優先動作
手関節	可動性
肘関節	安定性
肩関節	可動性
肩甲骨	安定性
胸椎・胸郭	可動性
骨盤・腰椎	安定性
股関節	可動性
膝関節	安定性
足関節	可動性
足部	安定性

ここで強調されているMovementとは、可動関節の主な役割を固定性と可動性に分類して定義づけた考え方のことであり、隣り合う主要な関節は固定性と可動性が交互に配置されています（表13-2）。

体幹の安定性、つまり固定性が重要であるということは広く認識されつつありますが「体幹」の範囲や定義は様々であるといえます。Gray Cookの定義では、腰椎と骨盤を1つのセグメントと捉えて固定性が重要とし、それに隣り合う胸椎と股関節は可動性が重要な関節とされています[2]。

FMSは前述の通り7つの基本動作パターンから評価されます。具体的には下記の項目です。

①ディープスクワット
②ハードルステップ
③インラインランジ
④ショルダーモビリティー
⑤アクティブストレートレッグレイズ
⑥トランクスタビリティープッシュアップ
⑦ローテーショナルスタビリティー

各テストにおいて動作パターンが評価基準を満たしている場合には満点の3点、代償動作を伴っての実施であれば2点、動作が不履行であれば1点、クリアランステストと呼ばれる疼痛誘発テスト、もしくは動作

中に痛みが生じた場合には0点をつけ、合計21点満点での評価になります[1]。各テストにおける評価基準は細かく定められていますが、その詳細については原書その他を参照いただくこととし、ここではFMSで得られたスコアからどのように選手へのアプローチをしていくかについて、事例も含めて紹介します。

FMSのスコアから導き出される改善すべきMovementの優先順位

FMSによるMovementの評価に関しては、より点数が低い、つまり課題となるMovementをスクリーニングして優先順位を決め、低いものから積極的に改善していくという手順で評価することになります。0が最も低く、3が満点ですが、FMSの7つの項目のうち、①ディープスクワットと、⑥トランクスタビリティープッシュアップについては左右同時に運動するため0〜3の範囲で単一のスコアがつくのに対し、その他の5項目については左右別々に評価が行われるため、スコアに左右差がある場合には、さらに優先順位が細かく設定されることになります[1]。

まず、左右で異なるスコアがついた場合には、低いほうの点数をその項目の点数として採用します。右が3点、左が2点であれば、その項目の点数は2点と評価します。そして、Gray Cookが提唱する理想的なMovementにおいては、各関節の固定性と可動性の役割が果たされているかどうかと同時に、左右差がないということが重要な評価ポイントとされています。つまり、左右差が大きいほうがより改善すべき優先順位が高いということです。これらの手順をまとめると、優先すべきスコアの評価順位は表13-3のようになります[1]。

さらに、評価された7つのテスト項目において改善すべきMovementの優先順位が、動きの複雑さによって定められています。より単純な、単関節の可動性あるいは固定性の不良ほど優先的に改善していく必要があるとされ、表13-3によって同じスコアに評価された項目があった場合、表13-4の順位に従って、より単純な項目ほど改善すべき優先順位が高くなります[1]。

例えば最も優先順位の高いアクティブストレートレッグレイズは、いわゆるSLRによる下肢後面のタイトネス評価であり、最も単純な動きとされています。一方、ディープスクワットは上肢のオーバーヘッドポジ

表13-3　FMSスコアの優先順位	
改善すべきスコアの順位	
1	0
2	1&3
3	1&2
4	1&1、1
5	2&3
6	2&2、2
7	3&3、3

表13-4　FMS評価項目の優先順位	
改善すべき動作の優先順位	
1	アクティブストレートレッグレイズ
2	ショルダーモビリティー
3	ローテーショナルスタビリティー
4	インラインランジ
5	ハードルステップ
6	トランクスタビリティープッシュアップ
7	ディープスクワット

写真13-6

ションを保ったままフルスクワットを要求するもので、全身にわたって関節の可動性や固定性が必要な複雑な動きと位置づけられています。

　写真13-6-1はFMSにおけるディープスクワットの評価の実際で、大腿部が床と平行にならず、挙上した手の位置が足部の基底面から外れている不良動作を呈しています。写真13-6-2では踵に台を挟むことによって足関節背屈の可動域が代償されて正しいスクワット姿勢がとれています。以上の手順によって2点のスコアをつけます。これらスコアと評価項目の優先順位を組み合わせることによって、各個人の弱点が洗い出されることになります。

Movement改善のためのコレクティブエクササイズの選定と実施

　改善すべきMovementの優先順位が決まったら、それらを修正する「コレクティブエクササイズ」の実施により、パフォーマンスピラミッドの土台を拡大させ、安定したパフォーマンスにつなげていく作業が必要となります。コレクティブエクササイズとは、文字通り「修正する」という意味ですが、実際には柔軟性改善のストレッチング、可動性改善のモビライゼーション、固定性改善のスタビライゼーショントレーニングなど、すでにスポーツ現場でリハビリテーションやコンディショニングとして実践されているものが該当します。いくつかの対応したエクササイズを紹介します[3]。

　写真13-7はアクティブストレートレッグレイズに対応するエクササ

写真13-7

写真13-8

写真13-9

イズでインバーテッド・ハムストリングスと呼ばれる種目です。写真13-8はローテーショナルスタビリティーやトランクスタビリティープッシュアップに対応するエクササイズでピラーブリッジ・フロントと呼ばれる種目です。写真13-9-1、2はインラインランジに対応するエクササイズでフォワード・ランジ、フォアアーム・トゥ・インステップと呼ばれる種目です。

　これらの種目は主に自重負荷を使って効果的にMovement改善が達成されるか否かは、負荷の大きさや量よりも正しい姿勢、身体の使い方で実施されているかにかかっています。さらに、FMSによって導き出された選手個別の弱点に対して、重点的にアプローチすることが効果を最大限に引き出すポイントとなります。初期段階においては、優先すべき項目に対応した効果的なエクササイズをあらかじめ決めておき、機械的に選定・実施できるようなシステムをつくっておくと、FMSからエクササイズ実施まで効率よく進めることができます。

　コレクティブエクササイズを実施するタイミングとしては、練習前の疲労していない状態で行うことが望ましく、エクササイズの実施により練習や試合などの本運動の動きを改善することが主目的です。

コレクティブエクササイズの実施によるパフォーマンス改善の実践例[4]

　筆者らはウェイトリフティング選手を対象に4カ月間のコレクティブ

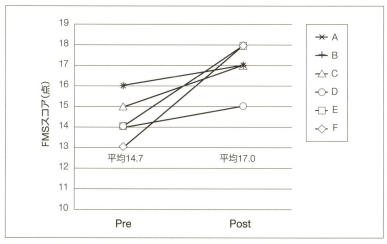

図13-3 ウェイトリフティング選手を対象に、4カ月間のコレクティブエクササイズを実施した前後のFMSのスコアの変化[4]

表13-5 FMSのスコア変化とウェイトリフティング競技会でのスナッチおよびC&Jの合計挙上重量の変化[4]

選手	FMSの変化	挙上重量の変化（kg）
A	1	-4
B	1	1
C	2	2
D	1	5
E	4	19
F	5	20

エクササイズを実施し、その前後で実施した大会の記録とFMSのスコアを比較しました。FMSのスコアは4カ月間で6人全員が向上しましたが（図13-3）、その中でももともとのスコアが低く、さらにその改善度合いの大きかった2人の選手は大会での挙上重量が著しく向上しました（表13-5）。記録やパフォーマンスの向上には様々な要因が関係するため、エクササイズの実施が直接的に影響を及ぼしたかを証明するには統計的解釈が不十分です。しかしながら、実施期間終了後、「競技力に変化はあったか？」という質問に対し、6人全員が「よくなった」と回答しています。回答の具体的な内容として「体幹がうまく使えるようになったので、安定した試技ができるようになった」「肩などの柔軟性が出

てきて、ジャークのフォームがよくなり、記録が向上した」「たくさんの種目での動きの無駄が減り、いつもより挙げやすくなった」などを挙げていました。

　また、「身体のコンディションに何か変化はあったか？」という質問には、4人が「よくなった」、2人が「変化なし」と回答しました。回答の具体的な内容は「ケガをしにくくなった。以前より傷めた箇所が治りやすくなった」「競技中に腰を傷めることがあったが、エクササイズをしてから一度も痛みが出なくなった」「練習中の疲労感が少なくなった。そのため、次の日の疲労がほとんど残っていなかった」などを挙げました。最大挙上重量を競うウェイトリフティングという競技において、「自重負荷」でのエクササイズは特異性の原則から外れますが、このような効果が得られたことは、コレクティブエクササイズの有効性を示す1つの事例と捉えることができます。

スポーツ障害を有する選手に対するFMSの活用

　FMSはあくまでMovementの「スクリーニング」ツールとして位置づけられ、アスレティックトレーナーや理学療法士による「アセスメント＝評価」のように身体の不具合の原因を特定するものではありません。FMSの合計スコアが低い、あるいは痛みを伴う0点がつくような場合には、身体の不具合を改善するための詳細な評価を受け、リハビリテーションを行う必要があるとされています。実際にアスレティックトレーナーが関わる多くの事例では何かしらの不具合を抱えている選手がほとんどであり、痛みのある局所の評価が必要となります。

　しかしながら、慢性的な障害においては、局所のみならず選手の動きそのもの、そしてそれに関連する関節や筋の機能を整えない限り根本的な解決にはつながりづらいといえます。したがって、スポーツ障害を改善するためには局所の不具合を全身の所見と関連づけて評価することが必要となりますが、これらを的確に評価するにはかなりの経験と能力が必要となります。そこで、局所の評価に併せてFMSを実施することで、全身のMovementの問題点を一定レベルで洗い出すことが可能となり、トレーナーの経験や能力を補って一定の成果を挙げられる可能性が高くなるといえます。筆者自身（倉持）、このようなFMSの活用によって選

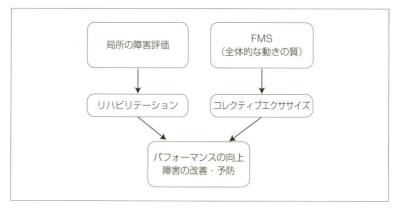

図13-4　スポーツ障害を有する選手に対するFMSの活用

手を評価し、局所へのアプローチに加えて、弱点に見合ったコレクティブエクササイズを実施することによって全身レベルで動きの質が向上し、局所の障害が改善されるケースを多く経験しています（図13-4）。

　FMS自体はあくまで評価ツールであり、選手の弱点に見合ったエクササイズを的確に選択、実施することによって大きな効果が得られるものです。そして、コレクティブエクササイズの実施はケガのない選手のパフォーマンス向上はもちろん、特に慢性障害を負った選手にとっては、全身のMovement改善が解決の糸口になるケースも多く、有効かつ効率的なトレーニングのシステムであると考えることができます。

実技編
ストレッチングの指導案

ストレッチング
　ストレッチングとは筋や腱を「伸張させる」ことであり[5]、身体の柔軟性を向上させる方法の1つです。保健体育科の授業内においても、ストレッチングは準備運動や整理運動の一環として行われていることが多いかと思います。そのように、ストレッチングは、教師・生徒にとって

非常に馴染み深いものであるにもかかわらず、保健体育科の教員養成課程ではその指導方法について十分に取り扱われていないのが現状です。そこで、保健体育科の教師が多数の生徒に対してストレッチングを指導する場面を想定し、指導方法および指導上の留意点について解説を行います。

これを学習することで習得できると考えられる知識・思考・判断は、
1) ストレッチングの種類とその特徴を知っている。
2) ストレッチングを実施する際の一般的注意点（安全管理、強度、時間など）を知っている。
3) 身体各部位をストレッチングする方法を知っている。
4) 目的とする部位が伸ばせていない状態（いわゆるエラー動作）がわかる。

これを学習することで習得できると考えられる教授技術は、
1) 各部位をストレッチする際に意識すべきポイントを指示することができる。
2) エラー動作を修正するための指示ができる。

ストレッチングの種類とその特徴
(1) スタティックストレッチング

スタティックストレッチングとは、反動をつけずに、筋肉を伸ばしていき、その伸張した状態を維持するというものです[5,6,7]。ゆっくりと伸ばすことで反射的な筋収縮（伸張反射）が起きにくく、筋損傷や筋肉痛を引き起こす可能性が低くなります。したがって、最も安全に柔軟性を獲得できるストレッチングであるといえます[6,7]。

方法が簡便であり、一人でも実施できることが特徴です（セルフストレッチングという）。

(2) ダイナミックストレッチング

ある特定の運動に直接関わる筋肉を「主働筋」と呼び、主働筋と反対の作用を持つ筋肉を「拮抗筋」と呼びます[8]。主働筋が収縮するときに

は、それに対する拮抗筋は弛緩するという「相反神経支配」というシステムが人体には備わっています。ダイナミックストレッチングは、相反神経支配によって拮抗筋が自動的に弛緩する現象をストレッチングに応用したものです[6]。ももの後ろ（ハムストリングス）を伸ばそうとするとき、その拮抗筋であるももの前の筋肉（大腿四頭筋）を収縮させるのがダイナミックストレッチングです。

ダイナミックストレッチングは、いわゆる動的な柔軟性の改善に効果が高く、特にウォーミングアップにおいて効果的であることが特徴です[3]。

(3) バリスティックストレッチング

バリスティックストレッチングとは、反動をつけて筋を伸張させるものです[6),7),9]。一般には「柔軟体操」として知られており、反動をつけた前屈、補助者に背中をリズミカルに押してもらう長座体前屈、ラジオ体操などが代表的種目です。

バリスティックストレッチングでは、筋が伸張されるのと同時に、伸張反射が生じます。筋が引き伸ばされた状態で、筋収縮が生じると筋損傷が起こる危険性があります[6),7),9]。そのため、このストレッチングを実施する際には、痛みや違和感に対して十分に注意して行うことが大切です。ただし、実際の運動場面では、反動を利用した瞬発的な筋力を発揮することが多いことから、バリスティックストレッチングの適切な実施は、運動に対する準備として重要であると考えられます。

(4) PNFを利用したストレッチング（以下PNFストレッチングとする）

固有受容性感覚器神経－筋促通法（Proprioceptive Neuromuscular Facilitation：PNF）とは人体に存在する様々な感覚器（筋紡錘、ゴルジ腱器官など）を刺激して、神経－筋機構の反応を促し、筋機能を高める方法です[9]。PNFのテクニックのうち「筋の収縮後の弛緩の理論」を利用した手法を用いると、筋のリラクセーションが促進されます[7]。柔軟性改善のためには、代表的なものとして、ホールドリラックスやコントラクトリラックスといった方法が用いられます。ホールドリラックスでは、伸ばしたい筋に等尺性収縮を6秒間行わせ、その後受動的に伸張

させ30秒間保持します[9]。この流れを数回繰り返します。

このPNFストレッチングは短時間で関節可動域の拡大など高い効果が得られるという利点はありますが、実施者の十分な知識と熟練が必要になります。

(5) パートナーストレッチング

パートナーストレッチングとは二人一組で行うストレッチングです。主にPNFストレッチングや他動的なスタティックストレッチングのことを指します。

パートナーストレッチングの特徴は、セルフストレッチングでは十分に伸ばせない部位のストレッチングが行えることにあります。特に、体幹部や股関節の筋群はパートナーストレッチングが有効な部位です[6),7)]。一方で、相手の技量により効果が異なること、伸張が強すぎる場合には、筋・腱の損傷を招くことがあるなど、注意点も挙げられます[7]。

ストレッチングを実施する際の一般的注意点
1) ストレッチングを中止したほうがよい状況[7]
- 発熱など体調がすぐれないときは中止する。
- 食後、飲酒後には行わない。
- 筋肉や関節の痛みがある場合には行わない(疲労による筋肉痛は除く)。

2) ストレッチングの強度[6),7)]
- 緩やかな伸張感が得られるところまでストレッチする。
- 痛みを我慢して行わない。

3) ストレッチングの実施時間[5),6)]
- 合計30秒間(軽く伸びていると感じるところで15秒間保持し、その後、さらに伸張感が得られるところで15秒間保持する)のスタティックストレッチングが一般的に実施される。

身体各部位のストレッチング

表13-6に身体各部位のストレッチングの方法および指導上の留意点(エラー動作、エラー動作の修正)を示します。

表13-6　身体各部位のストレッチングの方法および指導上の留意点

部位名	実施動作	動作の説明	指導上の留意点	
			エラー動作	エラー動作の修正
ふくらはぎ（下腿三頭筋）	図 足裏全体を床につけ、踵が浮かないようにする ×：つま先が外を向き、踵が浮いている ○：つま先と膝が真っ直ぐ前を向いている	・右（左）足の裏全体を床につける。 ・左（右）足を右（左）のふくらはぎの上に乗せる。 ・膝を伸ばしたまま、両手を床につく。 ・ふくらはぎ全体のストレッチを感じる。	・踵が床から浮いている。 ・足先が外に向いている。	・「床から踵を浮かさずに、足裏全体をつけよう」 ・「つま先と膝は真っ直ぐ前に向けよう」
ももの後ろ側（ハムストリングス）	・足首を手でつかみももと胸を合わせる　・ももと胸を離さないように膝を伸ばす ×：ももと胸が離れている ○：目線は股の間から後ろを覗き、ももと胸が離れない	・足首、膝を曲げて、足首を手でつかむ。 ・ももと胸が離れないようにして、膝を伸ばす。 ・5秒間ももの後ろにストレッチを感じたら、膝を一度曲げる。この動作を5〜6回繰り返す。	・ももと胸が離れてしまう。	・「股の間から後ろを覗くようにして、頭を膝から離さない」

部位名	実施動作	動作の説明	指導上の留意点	
			エラー動作	エラー動作の修正
ももの前 （大腿四頭筋） ・下側の尻を収縮させる ・クロスさせる膝はみぞおちの前 ×：ももが体幹のラインよりも前にある （股関節が後ろに引かれていない） ○：ももが体幹のラインよりも後ろにある		・左（右）肩を下にして、左（右）腕で枕をつくる。 ・右（左）脚を身体の前でクロスさせ、骨盤を安定させる。 ・左（右）膝を曲げて、足首をつかむ。 ・左（右）股関節を後ろに引き（伸展し）、左（右）の尻を収縮させて、ももの前にストレッチを感じる。	・骨盤が安定しない。 ・股関節が後ろに引かれていない（伸展できていない）。	・「クロスさせた膝の位置はみぞおちの前にする」 ・「下側の膝を、体幹のラインよりも後ろにもってこよう」
尻 （大殿筋） ・前から見ても、横から見ても下腿と上半身が平行になる ×：下腿と上半身が平行になっていない		・膝を曲げた姿勢で床に座る ・右（左）脚を左（右）ももに乗せる。 ・上半身を脚に近づけていく。	・組んだ脚が上半身と平行になっていない（外旋できていない）。	・「左右の脚で4の字をつくろう」

部位名	実施動作	動作の説明	指導上の留意点	
			エラー動作	エラー動作の修正
首 (僧帽筋)	・左肩をすくめずに落とした状態で、右に頭を倒す ×：右斜め前方に頭を倒している (僧帽筋よりも肩甲挙筋、板状筋が中心的に伸びる。したがって、それらの筋肉のストレッチを目的とするなら正しい)	・左（右）肘を曲げ、手の甲を背中に当てる。 ・右（左）手を頭に当て、右（左）に頭を倒す。 ・首の左（右）側にストレッチを感じる。	・頭が前方に倒れている。	・「顎を引いた状態で頭を横に倒す」
背中 (広背筋)	・四つん這いの姿勢から右尻の方向に体重をかけていく ×：スタートの姿勢で腰が上がらず、正座になっている	・四つん這いで、右(左)手を左（右）斜め前につく。 ・左（右）手を右（左）手の上に重ねる。 ・体重を右（左）尻の方向にかけていき、右（左）脇〜背中にかけてのストレッチを感じる。	・四つん這いのときに、正座の姿勢から、右（左）後方に体重を移動させているため、ストレッチ感が得られていない。	・「四つん這いの姿勢で、尻を高い位置にした状態から右（左）後方に体重をかけていこう」

部位名	実施動作	動作の説明	指導上の留意点	
			エラー動作	エラー動作の修正
胸 (大胸筋) ・半歩出した右足に体重を乗せて、右胸を伸ばす ×：過度な外旋は、肩を脱臼させる位置にしてしまう		・右（左）前腕部を壁に当て、右（左）脚を半歩前に出して立つ。 ・右（左）脚に体重を乗せていき、右（左）胸を伸ばす。	・肩関節が脱臼ポジション（外転・外旋位）になっている。	・「体重を前足にかけすぎて脱臼しないように注意しよう」
肩 (三角筋) ・右腕を体幹の前でクロスさせ、右肩を伸ばす ×：肩をすくめた状態で伸ばしている		・右（左）腕を体幹の前でクロスさせる。 ・左（右）前腕部でクロスさせた腕を自分のほうに引く。 ・肩（三角筋）のストレッチを感じる。	・肩をすくめた姿勢になる。	・「肩を落として、首を長くした状態でストレッチしよう」

部位名	実施動作	動作の説明	指導上の留意点	
			エラー動作	エラー動作の修正
体側（腰方形筋）·手首をつかみ、肘を伸ばす·からだの真横で引っ張り合って、体側を伸ばす×：肘が曲がっている×：からだが前に倒れた状態で引っ張ろうとする		・二人一組でお互いに手首をつかむ。・お互いに側方に引き合い、体側（脇〜腰）のストレッチを感じる。	・肘が曲がってしまう。・体幹が前に倒れてしまう。	・「肘を伸ばし、腕を耳の後ろに固定したまま、お互いに引っ張ろう」
腰（脊柱起立筋）·手首をつかみ、肘を伸ばす·尻は床から離れている·両膝を右に倒し、右腰を伸ばす×：手をつかむと、尻が床についてしまう		・二人一組で互いに手首をつかむ。・肘を伸ばしたまま、お互いに後ろに体重をかけ、膝を曲げる。・お互いに両膝を右（左）に倒し、左（右）腰部のストレッチを感じる。	・体重を後ろにかけすぎて尻が床についてしまう。	・「肘を伸ばしたまま、均等に体重を後ろにかけよう」

まとめ

　自重負荷での運動や動作をテーマに取り上げました。スポーツパフォーマンス向上のトレーニングにおいてはケガをしない身体づくりという発想も重要な目的に掲げられるため、動きの質を評価する方法と概念、現場での活用例を取り上げました。そして、活性すべき筋に意識を向け、筋の協調性を高める必要性に関しては、方法の紹介と全体像としてパフォーマンス向上に向けたトレーニング要素のピラミッドを紹介しました。

[参考文献]

1) Gray Cook: MOVEMENT Functional Movement Systems, USA-California On Target Publications, 2010.
2) Gray Cook: Athletic Body in Balance, Human Kinetics, 2003.
3) マーク・バーステーゲン：咲花正弥監訳，コアパフォーマンス・トレーニング，大修館書店，2008.
4) 荒川真吾、倉持梨恵子：コレクティブエクササイズによるウエイトリフティング選手の競技力向上とケガの予防効果について，中京大学体育学論叢，53巻，第2号，1-7，2012.
5) Bob Anderson, Jean Anderson：小室史恵，杉山ちなみ監訳，ストレッチング，有限会社ナップ，2002.
6) 小柳好夫，和久貴洋：2. 傷害予防を目的としたコンディショニングの方法と実際，1. ストレッチング，日本体育協会公認アスレティックトレーナー専門科目テキスト6 予防とコンディショニング．日本体育協会，178-184，2007.
7) 倉持梨恵子，山本利春：Ⅲ. コンディショニングに用いる手法－損傷予防と競技復帰に向けて－ストレッチング 各種ストレッチングの方法と適応，臨床スポーツ医学，28 臨時増刊号，223-231，2011.
8) Donald A. Neuman：嶋田智明，平田総一郎監訳，筋骨格系のキネシオロジー，医師薬出版株式会社，2005.
9) 日本ストレングス&コンディショニング協会編：ストレングス&コンディショニングⅠ理論編，株式会社大修館書店，2003.
10) American College of Sports Medicine Position Stand (1998). The Recommended Quantity and Quality of Exercise for Developing and Maintaining Cardiorespiratory and Muscular Fitness, and Flexibility in Adults. Med. Sci. Sports Exerc. 30, pp. 975-991.

あとがき

　本書では、自重負荷の運動を含め、基礎的運動種目が学校体育での指導対象となり、学習内容にできる可能性を探ることが一方の目的にあります。そのため、ストレッチングを教材とした指導内容、また、様々な若手指導者、研究者の方によるトレーニング現場で活用が期待できる情報を多面的に紹介させていただきました。今後も、体育現場やトレーニング現場の充実に貢献できるように活動していきたいと考えています。そして、これまでの乱筆乱文にお付き合いいただき深く感謝致します。

2014年1月　　　　　　　　　　　　　　　　　　　　　　　　下嶽進一郎

資料編

表3-1 スクワット基本姿勢学習カード（著者改訂）　P.36より再掲

見る位置		部位	チェック	自己	他者
横方向	1	手	大腿部に荷重できている。順手		
	2	肘	真っ直ぐに伸ばし、突っ張る		
	3	目線	2〜3m前方		
	4	背	真っ直ぐに伸びている		
	5	肩	膝よりも前方にある		
	6	殿	後方に突き出ている		
	7	膝関節	45°程度の屈曲		
	8	足	腰幅程度で、足裏全体に荷重		
前方向	9	手	大腿部に荷重できている		
	10	肘	真っ直ぐに伸びている。順手		
	11	膝（膝蓋骨）	つま先の直上にある		
	12	足	腰幅程度		

◎よくできた　○できた　△もうすこし　×全くできない

表4-2 スタート姿勢の学習カード(著者改訂)　　　　　　　　　　　P.46より再掲

動作局面	No	部位	チェック	自己	自己	他者
スタート構え	1	手	手幅は肩より少し広く、グリップは順手	1		
	2	肘	真っ直ぐ伸びている	2		
	3	胸	少し張る	3		
	4	肩	バーより前方にある	4		
	5	目線	2〜3m前方に向いているか	5		
	6	背	真っ直ぐ伸びている	6		
	7	腰	膝より高い位置にある	7		
	8	膝(膝蓋骨)	つま先の直上にある	8		
	9	足	腰幅程度、両足均等	9		
	10	足	バーの下に拇趾球がある	10		

◎よくできた　○できた　△もうすこし　×全くできない

表4-3 デッドリフトの学習カード（著者改訂）

P.47より再掲

動作局面	No	部位	チェック	自己		自己	他者
挙上時	11	肩①	バーより前方にある		11		
	12	肩②	バーの真上にある		12		
	13	腰背	真っ直ぐ伸びている		13		
	14	脚	地面を押している		14		
	15	バー	身体の近くを通っている		15		
全体	16	全体	動作の流れ		16		
	17	難解度	意識と体感のギャップ	1 2 3 4 5	17	1 2 3 4 5	―

◎よくできた ○できた △もう少し ×全くできない

表5-1 フロントスクワットの学習カード　　　　　　　　　　P.50より再掲

動作局面	No	部位	チェック	評価	評価
動作中	1	背	真っ直ぐ伸びている		
	2	足	腰幅程度である		
	3	膝(膝蓋骨)	つま先の真上にある(やや外向きでもよい)		
	4	目線	2～3m前方を向いているか		
	5	肘	前方に突き出ているか		
屈曲時	6	殿部	後方に突き出ているか		
伸展時	7	姿勢	真っ直ぐ立っているか		

◎よくできた　○できた　△もうすこし　×全くできない

表6-2 ジャンプエクササイズの学習カード　　　　　　　　　P.63より再掲

動作局面	No	部位	チェック	評価	評価	映像無
ハング姿勢	1	手	握り幅は肩幅より少し広い			1
	2	肘	真っ直ぐ伸びている			2
	3	目線	2～3m前方を向いているか			3
	4	胸	少し張る(肩甲骨を寄せる)			4
	5	背	真っ直ぐ伸びている			5
	6	殿部	後方に突き出している			6
下肢伸展	7	下肢3関節	トリプルエクステンションしている			7
	8	姿勢	頭からの軸が真っ直ぐで腰が引けていない			8
	9	肘	真っ直ぐ伸びている			9
	10	肩	つま先立ちのときにシュラッグしている			10
	11	目線	下方向を向いていないか			11
	12	全体	動作の流れ・勢い			12

◎よくできた　○できた　△もう少し　×全くできない

表6-3 ハイブルの学習カード

P.64より再掲

狙い 下肢伸展のエネルギー発揮とシャフトへの伝達

動作局面	No	部位	チェック	評価	評価	評価
ハンタ゛姿勢	1	足	腰幅程度のスタンス			
	2	手	握り幅は肩幅より少し広い			
	3	肘	真っ直ぐ伸びたまま			
	4	目線	2〜3m前方を向いているか			
	5	胸	少し張る			
下肢伸展時	6	背腰	真っ直ぐ伸びている			
	7	殿部	後方に突き出している			
	8	下肢3関節	トリプルエクステンションしている			
	9	姿勢	頭からの軸が地面と真っ直ぐ			
	10	バー	バーが身体から離れない			
動作の流れ	11	肘	シャフトより上方にある			
		全体	動作の流れ・勢い			

◎	よくできた
○	できた
△	もう少し
×	全くできない

表8-1　パワークリーンの学習カード　　　　　　　　　　　　　　P.84より再掲

動作局面	スタート姿勢から挙上	セカンドプル							キャッチ			
部位		肩	背	バー	下肢	背	肩	肘	肘		殿部	体幹	肘
チェック	デッドリフトのスタート構え〜挙上　学習カード2参照	①肩がバーの真上にある	②背筋が伸びている	③バーが身体から離れない	④-1 フルスクワットスタンドしている	④-2 あおりが効いている	⑤シュラッグしている	⑥シュラッグ後、肘を上げている	⑦肘はバーのもと上にある	⑧キャッチ時にふらつかない	⑨バーは胸の上でキャッチしている	⑩殿部は少し後ろに引いている	⑪身体が真っ直ぐ正面を向いている	⑫肘をバーの前方に出している
1)	kg												
2)	kg												

表10-1 方向転換動作の学習カード

P.127より再掲

5m折り返し走の計測

・1本目タイム（　　　　　　　）　　・2本目タイム（　　　　　　　）

局面		要点	1本目評価 (○、△、×)	2本目評価 (○、△、×)
減速	1	体幹軸を後方に傾ける		
変換	2	軸の傾きを鋭く		
	3	荷重は内側の脚で		
	4	外脚は進行方向に対して90°に接地		
加速	5	内脚の脛の傾きを鋭く		
	6	後ろ脚を素早く引き上げる		

監修者・著者紹介

関口　脩（せきぐち　おさむ）
日本体育大学体育学部トレーニング研究室教授、日体柔整専門学校校長代行、NSCAジャパン参与、JATI参与、文科省公認ウエイトリフティング1級コーチとして、モントリオール、ロサンゼルス、ソウル、シドニーなどオリンピック大会でのコーチを務め、優秀選手を数多く輩出。ウエイトリフティング監督や厚労省の健康運動実践指導者評価委員などで活躍。
主な著書に「コーチのためのトレーニングの科学」共著、「選手とコーチの筋力トレーニングマニュアル」共訳、「女性のための筋力トレーニング解剖学」監訳（共に大修館書店）ほか多数あり。

下嶽進一郎（しもたけ　しんいちろう）
中京大学スポーツ科学部助教、日本体育大学大学院、日本体育大学スポーツトレーニングセンターを経て現職。競技スポーツ、体育授業におけるパフォーマンス向上のためのトレーニング方法を研究の対象としレスリング、ラグビーの日本代表選手などのトレーニング指導（レジスタンス及びスピード）行い、陸上競技ではコーチとして大学生、実業団選手の指導を行う。

トレーニングを学ぶ　体育授業における理論と実践

2014年2月28日　第1版第1刷発行
2015年3月20日　改訂版第1刷発行

著　者　下嶽　進一郎
発行者　松葉谷　勉
発行所　有限会社ブックハウス・エイチディ
　　　　〒164-8604
　　　　東京都中野区弥生町1丁目30番17号
　　　　電話03-3372-6251
印刷所　シナノ印刷株式会社

方法の如何を問わず、無断での全部もしくは一部の複写、複製、転載、デジタル化、映像化を禁ず。
©2014 by Shimotake Shinichiro. Printed in Japan
落丁、乱丁本はお取り替え致します。